Methodenvielfalt im Unterricht

Jürgen Thal
Uwe Ebert

Methodenvielfalt im Unterricht

Mit Lust
stressarm und effektiv
lernen

3. Auflage

LUCHTERHAND

Bibliografische Information Der Deutschen Bibliothek

Die Deutsche Bibliothek verzeichnet diese Publikation
in der Deutschen Nationalbibliografie;
detaillierte bibliografische Daten sind im Internet
über *http://dnb.ddb.de* abrufbar.

www.luchterhand-fachverlag.de

SATZ: KompetenzCenter Urban, Düsseldorf
UMSCHLAG: Erich Kirchner, Heidelberg
CARTOONS: Roland Bühs
FOTO UMSCHLAG: © Wolters Kluwer Deutschland
FOTOS: Uwe Ebert
DRUCK: Betz-Druck, Darmstadt

Printed in Germany, Januar 2004

∞ Gedruckt auf säurefreiem, alterungsbeständigem und chlorfreiem Papier

Inhaltsverzeichnis

Einleitung

Liebe Leserinnen und Leser,

es ist eine alte, jedoch scheinbar immer wieder neue Erkenntnis, dass wir Dinge besser behalten, wenn wir sie im wahrsten Sinne des Wortes be-griffen haben. Reformpädagogen des späten 19. Jahrhunderts war diese Einsicht Leitgedanke in der Entwicklung ihrer Thesen. Die heute rasant fortschreitende Erforschung unserer komplexen Denk- und Lernvorgänge knüpft an die intuitiven Thesen Montessoris, Freinets und vieler anderer an, die besagen, dass wir Informationen auf vielfältige Weisen wahrnehmen, aufnehmen, verarbeiten, behalten oder auch wieder vergessen.

Menschliches Lernen ist geprägt durch Vielfalt und Einmaligkeit gleichermaßen. Wenn Unterricht dem annähernd gerecht werden soll, dann ist Methodenvielfalt eine wesentliche Voraussetzung für effektives Lernen, denn wer »nur eine Sprache« sprechen oder verstehen kann, wird von vielen nicht verstanden werden oder versteht vieles nicht.

Bei allem pädagogischen Handeln im Unterricht fühlen wir uns mit dem Ansatz von Montessori verbunden, dem zufolge man sich die Schüler immer so vorstellen möge, als sagten sie »Hilf' mir, es selbst zu tun«. Viele der von uns vorgestellten Methoden zielen auf die Förderung des eigenständigen Lernens der Schüler ab.

Um Schule so zu gestalten, dass sie ein Ort ist, an dem sich Lehrer und Schüler wohl fühlen, bedarf es eines ganzen Maßnahmenbündels. Ein Teilbereich dabei ist die Gestaltung des unterrichtlichen Alltags, u.a. mit Hilfe einer ausgewogenen Methodenmischung. Unser Konzept der Methodenvielfalt im ganzheitlichen Sinne ist in das Modell der gesundheitsfördernden Schule integriert. Damit kann ein wichtiger Beitrag geleistet werden, Unterricht interessanter zu gestalten, Schülern zu mehr Lernerfolgen zu verhelfen und Sie als Lehrende gleichzeitig zu entlasten. Bei allen an Schulen Beteiligten kann so eine höhere Qualität ihres Arbeitsplatzes Schule erreicht werden.

Der erste Teil dieses Buches soll eine Einsicht in den Sinn neuer Methoden und die Integration von Bewegung und Entspannung in den Unterricht vermitteln. Er hat das Ziel, die Methoden in einen ganzheitlichen, lernfördernden und gesundheitsförderlichen Kontext zu stellen.

Die im zweiten Teil vorgestellten, praktisch erprobten Methoden und deren vielfältige Transfermöglichkeiten, eingebettet in einen theoretischen Begründungszusammenhang, sind Ergebnis von vielen Jahren praktischer Arbeit in der Ausbildung und Fortbildung von Lehrern sowie im eigenen Unterricht. Vor allen Dingen die Variationen und Transfermöglichkeiten sind im Laufe der Jahre durch etliche Anregungen, Rückmeldungen und Kritik von Kollegen ergänzt und verändert worden. Hierfür möchten wir allen Seminarteilnehmern danken. Wir als Autoren freuen uns daher auch über Ihre Anmerkungen und Rückmeldungen. Unser Dank gilt ebenfalls den Schülern des Grundkurses Spanisch am Gymnasium Vegesack in Bremen, die sich für die Fotografien zur Verfügung stellten.

Liebe Leserinnen und Leser: um das Buch leicht lesbar zu gestalten, haben wir uns für die ausschließliche Verwendung der männlichen Form der Lehrerinnen und Lehrer sowie der Schülerinnen und Schüler entschieden. Unsere Zielgruppen sind diejenigen, die in der Lehre tätig sind oder sich auf die Lehrtätigkeit vorbereiten wie Lehrer, Referendare, Dozenten und Studenten. Wir möchten Ihnen mit diesem Buch neue Horizonte eröffnen, Mut machen für Neues im unterrichtlichen Alltag oder Bestätigung in Ihrer Arbeit geben.

Jürgen Thal, Uwe Ebert

1. Hintergrundinformationen

1.1 Lernen und Lehren im schulischen Alltag

Sinn-volles Lernen

In der neueren kognitionspsychologischen Lernforschung versucht man, die Ergebnisse von Lernpsychologie und neurophysiologischer Forschung zu einem ganzheitlichen, jedoch bislang, aufgrund der Dimensionen der *Terra Incognita Gehirn* längst noch nicht fertigen Theoriegebäude zu erstellen. Wir orientieren uns an den bislang gesicherten Erkenntnissen und benutzen diese als Grundlage für unterrichtspraktische Anregungen.

Aus den bislang bekannten neurophysiologischen, entwicklungsbiologischen oder lernpsychologischen Forschungsergebnissen können wir hinsichtlich der Unterrichtspraxis *einen* gemeinsamen Aspekt herausfiltern: ein vielfältiges, abwechslungsreiches und motivierendes Lernangebot verspricht den größtmöglichen Lernerfolg. Wir lernen erfolgreicher, wenn wir sowohl unsere kognitiven als auch unsere kreativen Potentiale beider Hirnhälften nutzen.

Vielen der in diesem Buch vorgestellten Methoden liegt der Gedanke zugrunde, daß möglichst viele Sinne und demzufolge Eingangskanäle bewußt oder unbewußt angesprochen werden. In unserer Gesellschaft, in der Medien zum Alltag gehören, werden unsere Sinne durch die Vielzahl von Eindrücken stark beansprucht. Viele Informationen gehen an uns vorüber, wenn z. B. der Fernseher nur noch nebenbei läuft, das Radio zu der Geräuschkulisse verkümmert und wir unser Essen beim Fernsehen, bei der Arbeit oder in der zweiten Schulpause zwischen Gesprächen und Kopieren zu uns nehmen. Was wir eben gerade gesehen, gehört, gefühlt oder gegessen haben, können wir oft genug nicht mehr genau erinnern.

Gerade deshalb erscheint es angebracht, mit unseren Angeboten Sinne wie z. B. das Zu-Hören, das Hin-Sehen, das Mit-, Sich-, An- und Hin-Fühlen in einen anderen, nicht wie oft beim Einsatz von Filmen oder Kassetten, rezeptiven, sondern bewußten und produktiven Kontext zu stellen.

Einige der von uns vorgestellten Methoden konzentrieren sich auf die Wahrnehmungsschulung der Kinder und Jugendlichen. Ein geschärfter Blick für unsere Sinne ist Voraussetzung für einen bewußteren und gesünderen Umgang mit sich selbst und der Umwelt.

Lerntypen

Untersuchungen wie z. B. diejenigen, die F. Vester zu Beginn der 70er Jahre durchgeführt hat, zeigen, daß in einer Klasse von 30 Schülern ungefähr dieselbe Anzahl von unterschiedlichen Lerntypen sitzt. Klare Zuordnungen wie z. B. visueller Lerntyp, auditiver oder haptischer Lerntyp treffen nur in begrenztem Maße zu. Viele von uns und demzufolge auch viele unserer Schüler sind bezüglich ihrer Lernfähigkeiten Mischtypen. Wir alle haben uns im Laufe der Zeit Lerntechniken angeeignet, die wir durch Ausprobieren als wirkungsvoll erfahren haben, die wir uns von anderen abgeschaut haben oder die von anderen Menschen (Lehrer, Eltern, Mitschüler) angeregt worden sind. Vielleicht sind sie auch genetisch bedingt oder frühkindlich geprägt. Schüler sagen oft, daß sie nur lernen können, wenn sie z. B. dabei Musik hören oder etwas essen oder wenn alles ruhig ist. Manche lernen am liebsten gleich nach der Schule, andere mitten in der Nacht. Die Liste individueller Lernstrategien ist schier endlos. Leider sind sie nicht immer richtig und somit nicht immer erfolgreich.

In den meisten Schulen werden bislang in der Regel nur selten Informationen über Lernstrategien vermittelt. Wir sind also darauf angewiesen, im Unterricht Lernwege mit Hilfe von Methoden zu zeigen, welche Lerntechniken anbieten und die den Basislerntypen entsprechen. Schülern müssen Fertigkeiten und Techniken vermittelt werden wie z. B. sich Notizen zu machen, Bilder und Phantasie einzusetzen und mit dem Wissen zu spielen. Sie sollen ferner dafür sensibilisiert werden, darauf zu achten, wann es an der Zeit ist, eine Pause zu machen.

Also, wenn ich so in mein Notenbüchlein schaue, fürchte ich, daß wir bei Ihrem Sohn weder die linke noch die rechte Gehirnhälfte richtig haben aktivieren können.

Lehrer sollten sich über die Vielschichtigkeit von Lernstrukturen und Lerntechniken nicht nur im klaren sein, sondern auch versuchen, diese Kompetenzen in Lernstrategien den Schülern zu vermitteln.

Der bewußte Einsatz unterschiedlich gearteter Lernstrategien und Methoden soll den Schülern helfen, ihren Fähigkeiten entsprechend zu einer individuellen Leistungssteigerung zu gelangen.

Denken – Lernen – Behalten

> Erzähle mir, und ich werde vergessen.
> Zeige es mir, und ich werde mich erinnern.
> Beteilige mich, und ich werde verstehen.

Lernen ist ein Prozeß, der physische und psychische Komponenten hat. Lernen ist zwar auch, aber nicht nur ein Merken von Fakten. Es beinhaltet das Wahrnehmen, Erkennen und Wiedererkennen, das Einordnen, das Verarbeiten und Speichern, das Finden und Abrufen, das Behalten, Verstehen und Anwenden (vergl. Vester).

Nach wie vor gilt es, den Gesetzmäßigkeiten und der Funktionsweise unseres Gehirns so weit wie möglich in unserem Unterricht entgegen zu kommen. Unsere Gedächtnisspeicher fungieren ähnlich einem Filter. Die Informationen, die diesen Filter passieren sollen, müssen ein hohes Maß an Bedeutsamkeit für den Lerner haben, sie müssen neugierig machen und mit hohem Motivationswert ausgestattet sein.

Unser Gehirn speichert die Informationen dann auf mehreren Ebenen. Die Informationen im Kurzzeitspeicher stellen ein Konglomerat aus bereits gespeicherten und vernetzten Erfahrungen und den aktuellen sensorischen Eindrücken dar. Die Transformation einer neuen Information in das Register des Langzeitspeichers kann durch bewußte oder unbewußte Verarbeitungs- und Kontrollprozesse vorgenommen werden. Wird die Weiterverarbeitung einer Information angemessen, d. h. willentlich und gründlich vorgenommen, so ist die Wahrscheinlichkeit hoch, daß sie behalten und später in einer durch neuronale Prozesse, die bei der Anbindung an das vorhandene Wissensnetz entstehen, veränderten Form rekonstruiert werden kann.

Um z. B. die Informationen eines Textes dauerhaft zu speichern, ist es sinnvoll, diesen Text

- zu organisieren:
  Organisieren bedeutet, den Text auf die wesentlichen Inhalte zu reduzieren und ihn individuell neu zu ordnen.
- zu verändern:
  Verändern bedeutet, den Text durch eigene Beispiele, Assoziationen, Fragen zu ergänzen, »Eselsbrücken« zu schaffen und ihn damit individuell zu kodieren und zu vernetzen.
- zu wiederholen:
  Wiederholungen sind ein unverzichtbarer Bestandteil gegen das Vergessen.

Um die individuelle Kodierung und Vernetzung einer Information zu erleichtern und somit einen Behaltenseffekt für viele Schüler einer Gruppe zu ermöglichen, müssen wir versuchen auch denjenigen Schülern, deren bevorzugter individueller Zugangscode nicht die Sprache oder Schrift ist, Alternativen anzubieten. Dies kann gelingen, wenn wir in unserem Unterricht für vielfältige anschauliche Eindrücke sorgen, die die Schüler im wahrsten Sinne »begreifen« können.

Der Behaltenseffekt variiert in Abhängigkeit von der Aufnahmeart von Informationen. Im Prinzip kann man von folgendem Zusammenhang ausgehen:

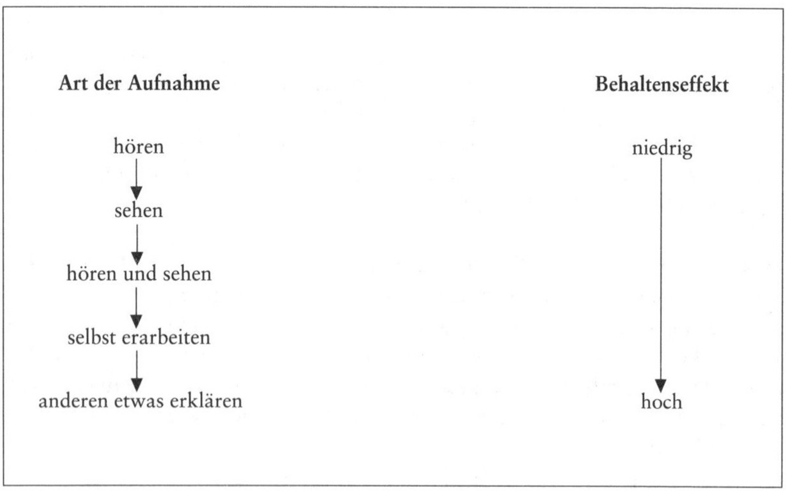

Man kann das Lernen im weitesten Sinne fördern durch:

- Materialien, die die Neugierde der Schüler ansprechen
- die behutsame Einbettung eines neuen Stoffes in bekannte Strukturen, so daß Unsicherheit, Angst und damit womöglich Streß gar nicht erst auftreten

- die Eröffnung von Möglichkeiten, eigene Strategien und Herangehensweisen an ein Thema zu entwickeln
- die Möglichkeit, Schüler eigene Lernziele und den Weg dorthin in einem begrenzten Umfang selbst definieren zu lassen
- eine positive Lernatmosphäre
- motivierende Techniken, Spiele und sinnvolle Methoden, die zu einem bewegten und entspannten Unterricht führen.

Wir sollten uns als Lehrer von der Dominanz kognitiv orientierter Methoden verabschieden, wenn als Maxime der Lernerfolg für möglichst viele Schüler gelten soll. Dies bedeutet eine teilweise Abkehr von »wissenschaftlich« verklausulierten Inhalten und die Hinwendung zu einer angemessenen didaktischen Reduktion und lernpsychologischen Aufarbeitung des Unterrichtes. Didaktische Reduktionen schmälern überhaupt nicht die wissenschaftliche Reputation des Lehrers oder Dozenten, sondern zeugen im Gegenteil von einem hohen Grad an Einsicht in menschliche Denk- und Lernstrukturen (vgl. Birkenbihl).

Lernumgebung und Sekundärinformationen

Wenn man die lernpsychologischen Gesetzmäßigkeiten zu Grunde legt und Konsequenzen daraus für die Schüler zieht, dann wird deutlich, daß Spiel, Spaß, Bewegung und Entspannung genauso essentiell zum Lernen gehören wie Konzentration und Abstraktion. Wenn wir z. B. versuchen, Schülern den Satz des Pythagoras, die Verdauung, Shakespeares Macbeth oder die Vorgänge in der Weimarer Republik nahe zu bringen, so sind es nicht nur die Fakten und Zusammenhänge, die im Raume stehen, sondern es ist der gesamte Kontext, in dem der Stoff vermittelt wird.

Lernen ist ein komplexer und hochgradig vernetzter Vorgang, welcher in seiner Vernetzung immer auch durch die Lernumgebung, z. B. die Atmosphäre in der Klasse oder Gruppe, die persönliche Stimmungslage, aber auch durch Licht, Geräusche und Bewegungen, also den Sekundärinformationen von der Lernumgebung, beeinflußt wird.

Es gehört zu den schwierigen Aufgaben im schulischen Alltag, ein Lernklima zu schaffen und zu vermitteln, welches den Lernprozeß positiv beeinflußt. Vertrauen, Entspanntheit, Offenheit, Solidarität und durchaus professionelle Zuneigung (d. h. verbunden mit einer angemessenen emotionalen Distanz) von Lehrerseite sind wichtige Elemente in der langen Kette der Sekundärinformationen. Sie sind keine selbstverständlichen Güter, auf die man jederzeit zurückgreifen kann, sondern sie sind oft nur mit Mühe und Beharrlichkeit und mit zum Teil vielen Hürden und etlichen Rückschlägen verbunden zu erreichen.

Manchmal sind es nur Kleinigkeiten, die zu einer positiven Veränderung des Lernklimas beitragen, z. B. schöne »Extras« wie Blumen, ergänzende Beleuchtung, Bilder, periphere Stimuli (Lernposter, Mind-maps, die als Ergebnis oder Gedächtnisstütze an der Wand hängen) und natürlich Bewegung und Entspannung.

Manche der vorgestellten Methoden können Ihnen auf dem Weg zu einem lernförderlichen Lernklima behilflich sein, andere Methoden erfordern ein vorhandenes Potential an Vertrautheit und Offenheit.

Sozialformen des Lernens – Coaching Prinzip – Omniumkontakt-interaktive Kleingruppen

Unserer Favorisierung von Gruppen-, Kleingruppen- und Partnerarbeit liegt ein integrativer Lernbegriff zugrunde. Den in der Theorie immer noch oft getrennten Ebenen des kognitiven, emotionalen, und instrumentellen Lernens wird die Ebene der sozialen Kompetenz hinzufügt (vgl. Liebau und Schlömerkemper).

Solidarisches Handeln als Ebene, die die drei anderen Lernebenen miteinander verbindet, und soziales Lernen, d. h. in diesem Falle u. a. Verantwortung zu übernehmen und anzunehmen, sind unseres Erachtens elementare Lernziele, die in dem angebotenen Methodenspektrum nicht zum Lernprinzip als solches hervorgehoben werden, sondern integrierte Bestandteile einer Vielzahl von Methoden sind. Es dient der Förderung von Kompetenzen im Umgang mit Verbindlichkeiten, eigenen Ansprüchen und denjenigen der anderen.

Soziale Kompetenzen, d. h. in diesem Falle u. a. Verantwortung in der Kleingruppe zu übernehmen (»Coaching Prinzip«), sind Grundvoraussetzungen für das Funktionieren dieser Sozialform. Soziales Lernen spielt sich auch dann ab, wenn es darum geht, nicht nur in immer derselben Partnerkonstellation zu arbeiten. Wir erinnern sicherlich noch einzelne Schüler, die sagen »Mit dem will ich aber nicht zusammenarbeiten.« u. ä. Der »Omnuimkontakt« (vgl. Schiffler), d. h. häufig wechselnde Klein-/Kleinstgruppen, eröffnet Lernzuwachs auf unterschiedlichen affektiven Ebenen. Sie ermöglichen die Erkenntnis, daß z. B. Jungen »gar nicht sooo doof« sind, daß man mit Mädchen durchaus für eine bestimmte Zeit zusammenarbeiten kann und daß der stille Mitschüler über Fähigkeiten und Kenntnisse verfügt, von denen andere nur profitieren können. Sie schaffen gleichzeitig ein Klima des Vertrauens, denn Sie als Lehrer vertrauen darauf, daß die Gruppe am Thema arbeitet. Und genau eben dieser Vertrauensvorschuß ist notwendig, damit Schüler lernen, damit umzugehen.

Rolle des Lehrers

Wir haben bislang überwiegend die Auswirkungen auf die Schüler beschrieben. Es ändert sich aber auch die Rolle des Lehrers. Zweifellos müssen wir uns in manchen Situationen von der Idee verabschieden, die Zügel immer in der Hand und die ständige Kontrolle über die Lern- und Arbeitsprozesse der Gruppe zu haben.

Wie wir bereits dargestellt haben, können Schüler nur Verantwortung (z. B. in einer Kleingruppe) lernen, wenn diese Gruppe auch die Gelegenheit und das Vertrauen unsererseits bekommt. Aus unserer Erfahrung können wir Sie nur zu diesem Schritt ermutigen und Ihnen die Geduld wünschen, die Sie benötigen werden, wenn es einmal nicht Ihren Vorstellungen entsprechend funktionieren sollte.

Viele Kleingruppen, die gleichzeitig arbeiten oder sich im Raum bewegen, bringen oft erhebliche Unruhe mit sich. Diese als notwendig zu ertragen, ist nicht immer leicht. Sie kann dennoch zusammen mit dem Vertrauensvorschuß, den Sie den Schülern gewähren, erheblich zu einem positiven Lernklima beitragen und langfristig Ihre Rolle als Lehrer dahingehend verändern, daß Sie zum Initiator, Moderator und Berater der Schüler werden.

Kleingruppenarbeit verschafft Ihnen die Gelegenheit, sich einzelnen Schülern besonders zu widmen. Sie werden merken, daß Sie von Schülern gerufen werden und ihnen als Berater ein willkommener Gesprächspartner sind.

Wir wollen nicht verschweigen, daß es sicherlich ein gerüttelt Maß an Kraft erfordert, den Schülern, die über Jahre hinaus gewohnt waren, sich mit rein kognitiven Unterrichtsstrukturen auseinanderzusetzen, die Sinnhaftigkeit von ungewohnten Methoden, Lerntechniken, Entspannung und Bewegung zu vermitteln. Es bedarf an dieser Stelle in aller erster Linie Authentizität. Je intensiver Sie das Neue vertreten und auch in der Lage sind, den Sinn und die Vorteile zu erläutern, desto bereitwilliger wird man Ihnen ins Lernabenteuer folgen.

Ihnen wird durch diese neue Rolle ein Teil der Belastungen aus der herkömmlichen Unterrichtsform genommen und die Qualität der Arbeit kann deutlich zunehmen. Das hat somit für Sie und Ihre Schüler auch einen nicht zu unterschätzenden gesundheitsförderlichen Aspekt.

1.2 Gesundheitsfördernde Schulen schaffen

Das Verständnis von Gesundheitserziehung war lange Zeit nur Wissensvermittlung, Abschreckung und Anleitung zu einem oft medizinisch erwünschten Verhalten mit Leitfragen wie »Was macht uns krank?« und »Was müssen wir machen, damit wir nicht krank werden?«.

Erfahrungen haben gezeigt, daß diese Vorgehensweise nur in Teilbereichen erfolgreich ist, jedoch die Gesamtpersönlichkeit und ihr psychosoziales Wohlbefinden im Zusammenhang gesunder Lebenswelten zu wenig berücksichtigt. Auf diesem Hintergrund hat sich seit einigen Jahren eine weiterführende Sichtweise von Gesundheit in der Lebenswelt Schule entwickelt. Die entscheidende Schlußfolgerung im Konzept der gesundheitsfördernden Schule liegt darin, daß nicht mehr ausschließlich auf das Leben »vor den Schultoren« vorbereitet werden soll, im Mittelpunkt steht vielmehr die Verbesserung der Bedingungen von Gesundheit am Arbeitsplatz Schule.

Gesundheitsfragen lassen sich nicht mehr auf einzelne Themen beschränken, sondern der Begriff »Gesundheit« wird viel breiter gefaßt und versucht mit neuen Leitfragen zu klären:

- Wie entsteht Gesundheit?
- Wie können Menschen gestärkt werden, um sich gesund zu entwickeln?
- Welche Verhältnisse müssen geschaffen werden, damit Menschen gesund bleiben können und wollen?

- Welche Voraussetzungen tragen dazu bei, daß die an einer Schule tätigen Personengruppen sich an ihrem Lern- bzw. Arbeitsort wohlfühlen?

Dabei rücken Fragen in den Blickpunkt, ob die Schule nicht selbst mit zu den gesundheitlichen Belastungen und dem gesundheitlichen Risikoverhalten beiträgt, ob das Lernen und Lehren nicht effizienter werden kann, wenn dafür die Schule ein gesundheitsförderliches Umfeld bietet.

Immer geht es um folgende Dimensionen beim Ausbau der gesundheitsfördernden Schule:

- die Förderung persönlicher Kompetenzen zu einer gesundheitsförderlichen Lebensgestaltung. Dazu gehören z. B. für Schüler neue Formen der Suchtprävention und Persönlichkeitsentwicklung im Unterricht ebenso wie beispielsweise Fortbildungsveranstaltungen zum Streßmanagement und somit zum Erlangen von mehr Freude im Beruf für Lehrer.
- die Entwicklung der Lehrpläne und Methoden. Gesundheitsrelevante Inhalte können als Bestandteil verschiedener Unterrichtsfächer stärker berücksichtigt werden. Eine der tragenden Säulen in der gesundheitsfördernden Schule ist die Veränderung des Unterrichts durch Einsatz verschiedener Methoden, die z. B. Bewegung und Entspannung ermöglichen, Spaß am Lernen fördern und dabei die Effektivität nicht beeinträchtigen oder sogar fördern.
- die Veränderung der Lebens- und Arbeitsbedingungen in der Schule. Die beiden beschriebenen Aspekte werden im Konzept der gesundheitsfördernden Schule ergänzt durch verschiedene Maßnahmen, z. B. die Einrichtung eines Entspannungsraumes, die Gestaltung von Schulhöfen, die erweiterte Nutzung der Cafeteria als Ort der Begegnung im Stadtteil auch am Nachmittag oder durch niedrigschwellige Angebote zur Beratung von Schülern mit Problemen.

Die Chancen zu einer positiven Veränderung sind für alle Beteiligten einer gesundheitsfördernden Schule groß. Schüler können mehr Lernfreude entwickeln und vielleicht ihre Lernleistungen steigern durch aktivierende Unterrichtsgestaltung mit Bewegungs- und Entspannungspausen und durch Methodenvielfalt, durch einen akzeptierenden und wertschätzenden Umgang miteinander, durch gesunde Ernährung und Bewegungs- und Entspannungsangebote in den Pausen. Lehrer können durch die beschriebenen Veränderungen sowie durch Maßnahmen zur Streßprävention und zum Umgang mit Streß, durch Anregungen zur gesundheitsförderlichen Arbeitsplatzgestaltung und durch Beteiligung an schulischen Entscheidungsprozessen ihre Arbeitszufriedenheit steigern.

Im Sinne einer ökologischen Sichtweise von Schule ist der Weg zu einer gesundheitsfördernden Schule und damit zu mehr Wohlbefinden von Lehrern und Schülern besonders dann effektiv, wenn an allen Säulen Veränderungen vorgenommen werden.

1.3 Streß – ein Thema im Schulalltag

Ein Gang durch die Schule genügt manchmal schon, um ihm zu begegnen, diesem natürlichen Begleiter des Lehrers. Er lauert überall im Schulalltag im Klassenraum, auf Gesamtkonferenzen, während der Pausenaufsicht, am wieder einmal defekten Kopierer. Er drängelt, schubst und pöbelt ständig herum – der Streß. Sätze wie »Die Konferenz war ein einziger Streß!«, »Ich bin gestreßt!« oder »War die Klasse heute wieder stressig!« sind zum Allgemeinplatz geworden. Alle Beispiele drücken aus, daß man sich durch kritische Situationen über das normale Maß hinaus beansprucht fühlt, daß man auf belastende Zwischenfälle oder die meist häufiger vorkommenden sehr vielen kleinen einzelnen belastenden Ereignisse nicht mehr angemessen und gelassen reagieren kann.

Doch was ist Streß eigentlich und welchen Beitrag zur Streßbewältigung und zur allgemeinen Gesundheitsförderung kann Methodenvielfalt im schulischen Alltag leisten?

Das Streßgeschehen

Seit den 30er Jahren beschäftigt sich die Wissenschaft mit dem Phänomen »Streß«. Bei vielen Untersuchungen stehen seitdem Stressoren und Streßreaktionen des Menschen im Mittelpunkt des Interesses. Dabei werden als Stressoren alle situativen Anforderungen verstanden, die eine Streßreaktion auslösen können. Stressoren können ganz unterschiedlicher Art sein, z. B. physikalisch (Lärm, Hitze, ...), körperlich (Verletzung, Durst, ...), sozial (Tod eines Partners, ...). Auch das Gefühl der Überforderung im Beruf durch schwierige Klassen oder durch die Erhöhung der Pflichtstundenzahl gehört dazu. Kinder und Jugendliche sind vielleicht Belastungen aus dem Elternhaus ausgesetzt. In der Schule kommen Probleme mit Lehrern oder Mitschülern, Belastungen durch Lernmißerfolge oder durch einen hohen Leistungsdruck bzw. überhöhte Erwartungen an die schulischen Leistungen sowie Motivationsprobleme im Unterricht hinzu.

Diese Stressoren können bei Personen Streßreaktionen auf ganz unterschiedlichen Ebenen auslösen (s. Abb. »Das Streßgeschehen«). Beide Komponenten zusammen, die Stressoren und die Streßreaktionen, machen das Streßgeschehen aus (Kaluza, 1996). Der »Vater« der Streßforschung, Hans Selye hat Streß in zwei Varianten aufgeteilt: den Eustreß und den Distreß. Beide haben im Prinzip die gleiche Wirkung auf den Körper. Dennoch bestehen wesentliche Unterschiede. Eustreß ist emotional positiv besetzt, z. B. durch die freudige

Erwartung auf ein Rendevouz. Distreß dagegen verschafft unangenehme Gefühle: der wiederholte Konflikt mit einem verhaltensauffälligen Schüler oder Anforderungen bevorstehender Klassenarbeiten.

Egal, ob es sich um angenehm oder unangenehm empfundenen Streß handelt – Streß gehört zum Alltag dazu. Volle Leistung bringen wir erst dann, wenn wir entsprechend gefordert werden und uns neuen Situationen stellen. Allerdings dürfen diese Anforderungen auf Dauer nicht unsere Kräfte überstrapazieren, sonst kommt es zu Schädigungen. Belastend wird das Streßgeschehen vor allem dann, wenn wir meinen, keinen oder nur ungenügenden Einfluß auf eine Situation nehmen zu können (Antonovsky, 1979). Von Lehrern werden manchmal schwierige Klassen so wahrgenommen. Schüler hingegen empfinden diesbezüglich z. B. eine ungerechte Bewertung oder monotonen Unterricht als Belastung.

Ein vielfach verwendetes neueres Modell zur Streßtheorie stammt von Lazarus und Launier (Lazarus & Launier, 1981). Sie verstehen Streß als Wechselbeziehung einer Person mit ihrer Umwelt. Da jedoch jeder Mensch dieselbe Umwelt individuell ganz unterschiedlich erlebt, sind es unsere subjektiven Wahrnehmungen, die zu Streßreaktionen führen können oder eben auch nicht.

Danach entsteht Streß immer dann, wenn eigene Anforderungen oder Anforderungen aus der Mitwelt die Bewältigungsmöglichkeiten einer Person stark beanspruchen oder übersteigen. Streß ist demnach immer ein bestimmtes Verhältnis zwischen Anforderungen (den Stressoren) und individuellen Bewältigungsmöglichkeiten der Person. Auf der Seite der Person spielen Bewertungsprozesse eine ganz entscheidende Rolle. Erst wenn die Anforderungen auf eine ganz bestimmte Weise bewertet werden, können die Anforderungen zu Stressoren werden. An dieser Stelle sei auf einen Ausspruch aus der Antike von Epiktet (1. Jh. n. Chr.) verwiesen, der dieses Streßmodell schon damals sinngemäß in folgende Worte kleidete:

> Was uns Menschen bewegt (Reaktionen),
> sind nicht die Dinge selbst (Reize),
> sondern die Ansichten (Bewertung),
> die wir von ihnen haben.

Die Situation, hier eine Klasse, die kaum zu motivieren ist und alles lustlos hinnimmt, kann als unwichtig oder belastend eingeschätzt werden. Außerdem erfolgt eine sekundäre Bewertung: die Person prüft, ob persönliche Fähigkeiten und Möglichkeiten zur Bewältigung dieser Situation zur Verfü-

Das Streßgeschehen

Anhand des Streßmodells wird deutlich, wie externe Reize, interne Streßreaktionen und Verhalten zusammenwirken und einander bedingen.

Reize (Stressoren)

Ein positiv bewerteter Reiz wird zu Freude und Spaß führen. Dann wirkt er sich, zumindest kurzfristig, auch positiv auf den Menschen aus.

Ein Reiz kann irrelevant sein und neutral bewertet werden. Dann hat er weder positive noch negative Folgen.

Ein negativ bewerteter Reiz kann auf Dauer zu negativen Folgen führen.

Individuelle Bewertung

Was uns Menschen bewegt (Reaktionen), sind nicht die Dinge selbst (Reize), sondern die Ansichten (Bewertung), die wir von ihnen haben

(Epiktet)

Die vier Ebenen der Streßreaktionen

(bei hochdosiertem und lang andauerndem Streß, z. B. Der Schulleiter teilt Ihnen mit, daß Sie eine als sehr schwierig und kaum zu motivierende Klasse als Klassenlehrer übernehmen sollen.)

muskulär	vegetativ	kognitiv	emotional
Muskelzittern Verspannungen ...	Magendrücken Schweißausbrüche Herzrasen Schlafstörungen ...	Konzentrations- störungen negative Selbst- instruktionen wie: ›Das ist zuviel für mich‹ ›Das schaffe ich nicht‹ ›Andere sind besser‹ ...	Unzufriedenheit Gereiztheit Ärger Aggressionen Enttäuschung Resignation ...

Diese Reaktionen führen wiederum zu Verhalten

sich hastig und unkonzentriert vorbereiten
Schülern/Kollegen gegenüber gereizt auftreten
sich keine Zeit für Pausen nehmen

gung stehen. Falls nein, so wird die Situation als belastend erlebt. Falls ja, so kann sie die Situation konstruktiv angehen und nach Lösungsmöglichkeiten suchen. Die persönliche Bewertung entscheidet also maßgeblich darüber, was als Streß erlebt wird und was nicht.

Ich habe beschlossen, gesund zu leben und werde ab sofort den Stressfaktor Schule meiden.

Geschieht dieses Aus-dem-Gleichgewicht-geraten im schulischen und privaten Alltag immer häufiger, in immer kürzeren Zeitabständen und über einen längeren Zeitraum hinweg, so werden wir irgendwann mit Beschwerden und Krankheit darauf reagieren. Nun geht es in diesem Buch nicht grundsätzlich darum, Ihnen Wege aus dem Streß und Strategien zum Meistern aller stressigen unterrichtlichen Situationen zu geben – allerdings möchten wir Ihnen aufzeigen, welchen entlastenden Einfluß eine erweiterte Methodenkompetenz für Lehrer und Schüler haben kann.

1.4 Gesunde Mischung – Methodenvielfalt als Grundlage für lebendigen und streßarmen Unterricht

Es ist Freitag mittag. Die Schüler der Klasse 10 b kommen, voll mit Erlebnissen vom gestrigen Fernsehabend und genervt von einer gerade geschriebenen schwierigen Klassenarbeit, zum Unterricht. Die Klasse gilt als leistungsmäßig heterogen und schwierig, es gibt viele Schüler mit privaten Problemen. Sie treffen auf einen Lehrer, der seit vielen Jahren methodisch einseitig im Lehrervortrag oder im fragend-erörternden Unterricht die Themen behandelt. Die Schüler haben keine Lust, zum Abschluß der Schulwoche schon wieder diesem subjektiv als langweilig erlebten Unterricht zu folgen. Der Lehrer fühlt sich in dieser Klasse schnell gestreßt. Den nun folgenden Unterricht erleben wahrscheinlich nicht nur der Lehrer, sondern auch die Schüler als frustrierend und damit letztendlich ineffektiv. Wer sich langweilt, schaltet irgendwann ab und hängt seinen Gedanken nach, folgt aber nicht mehr dem Unterricht. Für den Lehrer stellt sich dann irgendwann die Frage, wieso er sich gerade in dieser Klasse noch besonders einsetzen soll. Für die Schüler wird es immer schwieriger, sich zu konzentrieren und mit Engagement dem Unterricht zu folgen. Für beide nimmt die Spirale der Frustrationen ihren Lauf …

Jede Streßsituation erfordert eine maßgeschneiderte Antwort, um sie bewältigen zu können. Patentrezepte gibt es nicht. Es gibt für Lehrer verschiedene Möglichkeiten zur kurzfristigen Erleichterung wie z. B. Entspannungsübungen, sportliche Aktivitäten u. v. m. Längerfristige Veränderungsmöglichkeiten liegen z. B. im persönlichen Zeitmanagement, in der Arbeitsorganisation, in Einstellungsänderungen und auch in nicht zu unterschätzender Weise im Erwerb neuer Kompetenzen zur Bewältigung des unterrichtlichen Alltags.

Probleme der Schüler aus ihrem privaten und häuslichen Alltag wirken auch noch in der Schule. Hier kommen dann beispielsweise Belastungen aus Lernmißerfolgen, fehlender Motivation und einem schwierigen Verhältnis zum Lehrer oder zu Mitschülern hinzu. Häufig fehlt der notwendige Ausgleich. Nicht erst seit F. Vester ist bekannt, daß diese »Päckchen«, die die Schüler mit sich tragen, das Lernen und das Wohlbefinden unmittelbar beeinträchtigen.

Für die beschriebene Beispielsituation kann ein flexibles Repertoire an Handlungsmöglichkeiten für die einzelnen Phasen der unterrichtlichen Arbeit (Kennenlernen, Themen erschließen und diskutieren, Themen wiederholen und festigen, Auswerten von Unterricht, Übungen zur Entspannung und Bewegung) dazu beitragen, den Unterricht für Lehrer und Schüler weniger belastend zu gestalten und so zu mehr Freude im Schulalltag führen.

Anforderungen an Methoden

Wer gegen biologische oder soziale Grundprinzipien verstößt, verschafft sich und anderen Streß, und er unterrichtet ineffektiv. Folgende Kriterien für die Auswahl von Methoden können daher unter Gesichtspunkten von Streßreduktion und Gesundheitsförderung angewendet werden:

- Methoden sollen Entspannung oder Bewegung ermöglichen.
- Methoden sollen schülerinterne Kommunikation ermöglichen.
- Methoden sollen niemanden ungewollt exponieren.
- Methoden sollen möglichst viele Schüler aktiv einbeziehen.
- Methoden sollen die Atmosphäre in der Lerngruppe verbessern.

Methoden sollen Entspannung oder Bewegung ermöglichen

Körperliche Aktivität außerhalb des Sportunterrichts ist nach wie vor die Ausnahme im Verlauf eines Schulvormittages. Der traditionelle Unterricht erlaubt nur selten Bewegungen des ganzen Körpers. Ein Schüler verbringt in den ersten 10 Schuljahren insgesamt ca. 11 000 Stunden im Unterricht, die meiste Zeit davon, mehr oder weniger physiologisch angemessen, sitzend auf seinem Platz.

...zu kleine Tische? Unsinn - das hat uns früher auch nichts geschadet

Was auf den ersten Blick bequem und angenehm erscheint, ist aus gesundheitlicher Sicht bedenklich, denn noch immer unterliegt der Mensch denselben biologischen Gesetzmäßigkeiten wie vor vielen tausend Jahren: der Körper ist auf Bewegung ausgerichtet und nicht auf permanente einseitige Belastungen wie das Dauersitzen. Wer dann den Schulvormittag über und auch nachmittags ohne ausreichende Pausen konzentriert arbeiten muß, steht ständig unter Anspannung. Gesundheitliche Probleme bleiben nicht aus – für Lehrer und Schüler.

Im gesundheitsfördernden Unterricht wird dem Bewegungsdrang der Schüler Rechnung getragen, indem immer wieder Phasen eingebaut werden, in denen Aufgaben in wechselnden Bewegungsabläufen erfüllt werden. Wenn die Methoden Bewegung beinhalten oder Entspannung ermöglichen, dann kann auf Bewegungs- oder Entspannungspausen verzichtet werden. Doch manchmal ist es nötig, das physische und mentale Erregungsniveau bewußt zu heben oder zu senken, um überhaupt einen Rahmen für den Unterricht herstellen zu können. Dann sind Unterbrechungen sinnvoll. Aus der Lernpsychologie ist hinreichend bekannt, daß Phasen des Lernens viel häufiger von Pausen unterbrochen werden sollten als es der übliche Schulvormittag mit dem 45- oder 90-Minutentakt ermöglicht.

Vielfältige Methoden und kurze, bewußt eingelegte Pausen der Entspannung und Bewegung wirken oft Wunder. Mit ihrer Hilfe kann es gelingen, die Teufelskreise der dauernden Anspannung und des oftmals unphysiologischen Sitzens wirksam zu durchbrechen. Die Sorge, daß dadurch kostbare Unterrichtszeit verloren geht, ist unbegründet. Untersuchungen zeigen, daß es bereits innerhalb einer Schulstunde zu einem Konzentrationsabfall kommt. Die Aufnahmefähigkeit der Schüler variiert je nach Alter und Entwicklung und je nach Lernbedingungen. Sie wird im allgemeinen weit überschätzt. Als Richtzeiten für Aufmerksamkeitsphasen zur konzentrierten Mitarbeit können gelten:

- 15 Minuten Aufmerksamkeitsphase bei 5- bis 7jährigen
- 20 Minuten Aufmerksamkeitsphase bei 7- bis 10jährigen
- 25 Minuten Aufmerksamkeitsphase bei 10- bis 12jährigen
- 30 Minuten Aufmerksamkeitsphase bei 12- bis 16jährigen.

Wenn man diese Werte ernst nimmt, ergeben sich daraus zwangsläufig Methodenwechsel sowie Bewegungs- und Entspannungspausen zur Regeneration und zur Erhöhung der Effektivität des Unterrichts. Der menschliche Körper benötigt einen ständigen Wechsel von Spannung und Entspannung, von Bewegung und Ruhe. Nach einer kurzen Auflockerung steigen Leistungsfähigkeit und Konzentrationsvermögen wieder an. Dies berichten immer wieder Lehrer, die regelmäßige Entspannungs- und Bewegungspausen in den Unterricht integrieren.

Regelmäßige aktive »Auszeiten« von nur wenigen Minuten, angefüllt mit leichten Übungen zur körperlichen oder mentalen Entspannung, fördern das

Wohlbefinden. Wichtig ist das Wort »aktiv«. Das bedeutet, nicht einfach nur eine Pause zu machen, sondern der jeweiligen Anspannung bewußt und aktiv entgegenzuwirken. Es gilt, sowohl den körperlichen als auch den seelischen Anforderungen gerecht zu werden. Das Dauersitzen soll unterbrochen werden, die Leistungsfähigkeit und Lernfreude gesteigert und das Wohlbefinden in der Schule gefördert werden.

Methoden sollen viele Schüler aktiv einbeziehen und schülerinterne Kommunikation ermöglichen

Oft wird das Bedürfnis nach schülerinterner Kommunikation außer acht gelassen. Das sicherste Lernarrangement, um Langeweile und Störungen zu provozieren, ist so gestaltet, daß ein einzelner Schüler mit dem Lehrer interagiert und alle anderen Schüler zum Nichtstun oder bloßen Zuhören gezwungen sind. Schüler, die nicht am Geschehen beteiligt sind, werden unkonzentriert und beginnen sich zu langweilen und sich unbehaglich zu fühlen. Diese zu geringe Erregung kann fatale Folgen haben. An unteraktivierten Schülern gehen viele Instruktionen vorbei, sie beteiligen sich nicht mehr am Lernprozeß. Vorzugsweise treten solche Erscheinungen nach langen Phasen des Sitzens und ganz besonders am Ende eines Schultages auf. Das andere Extrem sind übererregte Schüler. Sie sind in diesen Phasen praktisch nicht lernfähig. Die sichtbaren Folgen kennt jeder aus dem Schulalltag. In beiden geschilderten Fällen ist das Leistungsniveau nicht optimal. Für effektives Lernen ist eine mittlere Leistungsgüte sinnvoll: weder die totale Langeweile noch die übergroße Erregung.

Uns geht es mit der Methodenvielfalt auch um die Intensivierung der Schüleraktivität im Zusammenhang mit einer entspannten, schöpferischen Lernatmosphäre. Eine hohe Schüleraktivität ist ein wesentliches Anforderungsmerkmal an Methoden. Dabei sollen natürlich die gesteckten Lernziele nicht vernachlässigt werden.

Insbesondere Schüler mit Leistungsschwächen geraten im Schulalltag leicht in eine Außenseiterposition. Kooperative Bewegungs- und Entspannungselemente schaffen schülerinterne Kontakte und ermöglichen Kommunikation. Durch den Umgang mit anderen Schülern wird Vertrauen zu ihnen aufgebaut. Ein Wir-Gefühl kann geschaffen und die soziale Verantwortung für schwächere Schüler gefördert werden. Alle Teilnehmer finden sich zu einer Gemeinschaft zusammen, die Spaß am Spiel und an Bewegung und Entspannung hat. Bewegungs- und Entspannungspausen tragen neben anderen Methoden dazu bei, ein Vertrauensverhältnis zwischen Lehrer und Schüler aufzubauen.

Methoden sollen niemanden ungewollt exponieren

Die Exponierung eines einzelnen Schülers in einer Situationen, in der er das geforderte Wissen nicht gut genug beherrscht und dies in der Klasse öffentlich sichtbar wird, wirkt belastend. Das erzeugt bei ihm Streß und gegebenenfalls ein (weiteres) Mißerfolgserlebnis. Geschieht das häufiger, dann genügt oft ein Signal, etwa der Anblick des roten Lehrerkalenders vor der Hausaufgabenbesprechung, um beim Schüler immer wieder Streß auszulösen. Ohne daß er die genaue Aufgabe, die an ihn gestellt werden soll, schon kennt, führt die Situation zur augenblicklichen Erregung, zu Herzklopfen usw. Dieses kann dann zu den allseits bekannten Denkblockaden führen. Erfolgserlebnisse beim Lernen bleiben wieder einmal aus, und er ist im Teufelskreis der Lernmißerfolge gefangen. (s. Abb. »Das Streßgeschehen«, S. 20)

Wenn Methoden hingegen viele Schüler aktiv einbeziehen und gruppeninternen Austausch ermöglichen, ohne Einzelne von ihnen ungewollt bloßzustellen, dann hat das Lernarrangement alle Chancen, als entlastend und motivationsfördernd erlebt zu werden.

Motivierendes Lernen verspricht einen hohen Lernerfolg. Eine durch demotivierenden Distreß geprägte Lernatmosphäre verhindert ihn. Das schließt angemessenen Leistungsstreß zwar nicht aus, aber Angst soll das Lernen auf keinen Fall begleiten. Und Angst soll mit den vorgestellten Methoden und Übungen vermieden oder gar abgebaut werden.

Methoden sollen die Atmosphäre in der Lerngruppe verbessern helfen

Das soziale Klima stellt einen bedeutsamen Faktor bei der Herausbildung von Aktivität bei jedem Schüler dar, denn das soziale Klima beeinflußt Leistungsbereitschaft, Arbeitsstil und Arbeitsergebnisse der Schüler entscheidend. Eine positive soziale Interaktion ist eine weitere Voraussetzung für erfolgreichen und weniger belastenden Unterricht. Deshalb sollen die Interaktion in der Gruppe gefördert und die Schüler zur Selbständigkeit angeregt werden.

Es gibt Hinweise darauf, daß das Gesundheitserleben von Jugendlichen stärker als bisher angenommen von der Schulumgebung und der Klassenatmosphäre beeinflußt wird. Eine Untersuchung zum Gesundheitserleben von 11-, 13- und 15jährigen Jugendlichen in Österreich macht das deutlich. In einer schlechten Schulatmosphäre, bei hoher Belastung durch die Schule bzw. geringem Wohlbefinden in der Schule oder bei einem schlechten Verhältnis zu den Lehrern und Mitschülern geben bei weitem weniger Jugendliche an, nie oder selten Beschwerden zu haben, als Schüler, die ein positives Verhältnis zur Schule haben. Die gleichen Zusammenhänge gelten im übrigen auch für das seelische Wohlbefinden der Jugendlichen (Bundesministerium für Arbeit, Gesundheit und Soziales der Republik Österreich, 1997).

Wir haben insgesamt gesehen eine optimistische Sicht auf Lehren und Lernen. Die Grundstimmung ist durch Erfolgszuversicht geprägt. Die interaktive Gestaltung der Arbeitsphasen unter Berücksichtigung sozialen Lernens, der Wechsel von Aktivität und Entspannung, die Ausbildung eines angenehmen Lernklimas, verschiedene Möglichkeiten zur mehrkanaligen Wahrnehmung und zum ganzheitlichen Lernen bewirken, daß gesundheitsfördernde Effekte bei Schülern und Lehrern auftreten können. Reduzierter Leistungsdruck, eine entspannte Lernatmosphäre und eine kreativ-spielerische Tätigkeit sowie viele Lernerfolgserlebnisse tragen dazu bei, daß vorhandene Streßreaktionen abgebaut und die physischen und psychischen Ressourcen stabilisiert werden.

Entlastende Wirkungen einer Methodenvielfalt

Abschließend haben wir zusammengestellt, welche vielfältigen entlastenden Effekte ein erweitertes Methodenrepertoire im Unterrichtsalltag haben kann:

- Die Schüler arbeiten mit mehr Lust. Das entlastet die Schüler und auch Sie in Ihrer Lehrerrolle.
- Eine entspannte und positive Lernatmosphäre wird geschaffen, da der veränderte Unterricht soziale Kontakte und das Wohlbefinden fördert.
- Entspannungs- und Bewegungsübungen sowie die Spiele tragen dazu bei, nach Phasen anstrengender Arbeit abzuschalten und danach mit voller Energie weiterarbeiten zu können.
- Das immer wieder wechselnde Ansprechen verschiedener Eingangskanäle ermöglicht Lernerfolgserlebnisse für viele Schüler. Nach wie vor gilt der Satz: Nichts ist so erfolgreich wie der Erfolg.
- Da viele der Methoden die Eigenarbeit der Schüler stärken, haben Sie Zeit, andere Prozesse zu beobachten. Sie stehen zur Verfügung, um sich Schülerfragen zu widmen, zu helfen und zu beraten.
- Der hohe Anteil aktiv-handlungsorientierter Lernphasen trägt dazu bei, daß das Gelernte auch besser behalten wird. Das wiederum entlastet auch beide Seiten: Schüler wie Lehrer.
- Selten werden Schüler ungewollt exponiert und damit unnötigem Streß ausgesetzt. Der wiederum führt in solchen Situationen zu Denkblocka-

den, die in ihren Konsequenzen weder dem Schüler noch Ihnen angenehm sein werden.

- Das Schaffen angenehmer Gefühle durch den Lernprozeß wirkt sich positiv aus auf die Lernmotivation.
- Die Aktivität möglichst vieler Schüler wird berücksichtigt. Nichts ist langweiliger als Lernsituationen, in denen sich der Lehrer mit einem einzigen chüler beschäftigt und alle anderen nur zuhören dürfen.
- Die Kommunikation untereinander trägt zum Ausbilden eines positiven Klassenklimas bei.

Uns geht es mit der vorgestellten Methodenvielfalt nicht um eine »Schmuseschule«, in der das Lernen in den Hintergrund tritt und nur noch Wohlfühlen dominiert. Eigene Erfahrungen mit den vorgestellten Methoden sowie viele Rückmeldungen von Kursteilnehmern in der Aus- und Fortbildung zeigen, daß die meisten Schüler mit viel Spaß bei der Sache sind und das Wohlbefinden in der Lerngruppe gefördert wird. Der Unterricht wird seltener als Stressor erlebt. Und wenn mit den vielfältigen Methoden, mit bewegten und entspannten Pausen vielleicht der Lernerfolg steigt oder zumindest genauso viel gelernt wird wie vorher und dazu noch mit mehr Lust am Lernen – das ist Grund genug, diese Methoden neben anderen Lernformen als einen Bestandteil des Unterrichts anzuwenden.

1.5 Entspannungs- und bewegungsfördernde Übungen

Ruhe, Gelöstheit, Gelassenheit, Wohlbefinden und Freude sind positive psychische und soziale Erscheinungen eines bewegten und entspannten Unterrichts. Zu den kaum noch umstrittenen gesundheitsfördernden und pädagogisch wünschenswerten Aufgaben der gesundheitsfördernden Schule zählt es, Kindern und Jugendlichen im Rahmen ihres Unterrichts Möglichkeiten zur Entspannung und Bewegung anzubieten und ihnen Kompetenzen zur Ausführung von Entspannungs- und Bewegungspausen zu vermitteln. Entsprechendes sollte auch für Lehrer gelten, stehen sie doch während des gesamten Schulvormittags unter Anspannung und unterliegen einer ähnlichen Bewegungsarmut.

Niemand bestreitet mehr, daß das seelische Befinden einen ganz erheblichen Einfluß auf körperliche Prozesse hat, beispielsweise auf die Spannung der Muskulatur. So stehen etwa Nervosität, Aufregung und Angstgefühle mit Muskelverspannungen oft in direktem Zusammenhang. Andererseits kann die Psyche durch gezielte Entspannungsübungen auch positiv auf die Muskeln einwirken. Das heißt, sie kann ganz bewußt Muskelspannungen vermindern und auf diese Weise helfen, Verspannungen zu lösen. Deshalb empfehlen wir eine Kombination von beidem: mentale Entspannungsübungen sollten ebenso zum Einsatz kommen wie gezielte Bewegungsübungen. Bei regelmäßiger Anwendung verbessert sich schon nach einigen Wiederholungen das Befinden ganz entscheidend.

Könntest Du mir bitte mal erklären, weshalb Du immer in meinem Unterricht Entspannungsübungen machen mußt?

Es handelt es sich dabei nicht um eine systematische Einführung in einzelne Entspannungstechniken wie z. B. das autogene Training, sondern um leicht erlernbare und trainierbare Elemente von gängigen Entspannungsmethoden und Bewegungsübungen im alltäglichen Unterricht, die auch ohne eine spezielle Ausbildung anwendbar sind. Gleichwohl ist es sinnvoll, diese Übungen im Rahmen einer Fortbildung selbst zu erfahren. Sie können sich selbst als Anleitende vom Wert der Übungen überzeugen und entsprechende Erfahrungen für den unterrichtlichen Einsatz sammeln. Dann fällt es Ihnen leichter, die Übungen in Schulalltag anzuwenden. Es ist außerdem von Vorteil, wenn Sie über Entspannungs- und Bewegungsübungen auf einem Elternabend sprechen und offen über Nutzen und Aufwand des Einsatzes von Entspannungs- und Bewegungspausen im Unterricht diskutieren.

Konkret bereichern Entspannungs- und Bewegungsübungen den Unterricht in mehrfacher Hinsicht:

- Sie können in allen Fächern zur Sammlung, Konzentration, Erholung und zum Streßabbau genutzt werden. Sie fördern die Aufmerksamkeit und Konzentration der Schüler und tragen damit dazu bei, das Lernpotential besser zu nutzen. Die Schüler werden wieder fit für nachfolgende Unterrichtsabschnitte.
- Sie ermöglichen das Erleben von Ruhe und angenehmen Gefühlen. Die Schüler haben mehr Spaß und Motivation am Unterricht.
- Sie fördern die Fähigkeit der Schüler, ihren Körper bewußt in Ruhe und in Bewegung wahrzunehmen und ihr Körperbewußtsein auszuprägen. Sie sensibilisieren die Schüler für innere Wahrnehmungen, z. B. den Herzschlag oder die warmen Hände zu spüren.
- Sie fördern das Empfinden der Schüler, Entspannungs- und Bewegungsübungen als erholsam zu erleben und ein natürliches Bedürfnis danach zu entwickeln. Die Schüler erfahren dadurch, in besonderen Situationen angemessener mit meist negativ wirkenden Einflüssen wie Unruhe, Nervosität oder Angst umzugehen und sich durch gezielte Entspannung oder Bewegung schneller und besser zu erholen.
- Der Kontakt der Schüler untereinander und zum Lehrer wird gefördert. Das trägt zur Ausbildung einer positiven Lernatmosphäre im Unterricht bei.

Bewegungsübungen

Eine ausdauernd einseitige Muskelbelastung wie etwa das Sitzen an der Schulbank führt zu einer hohen Beanspruchung der immer gleichen Muskelgruppen. Andere Muskeln werden dagegen mehr und mehr vernachlässigt.

Beim langen Sitzen wird die ermüdete Muskulatur des Rückens durch die nach vorn geneigte Haltung gedehnt. Dabei verkürzt sich bzw. erschlafft die untere Rückenmuskulatur sowie die Brust- und Bauchmuskulatur. Auf lange Sicht kann sich so aus der anfänglichen Fehlbelastung, die zunächst harmlos ist, eine Fehlbeanspruchung entwickeln, da sich Sitzgewohnheiten,

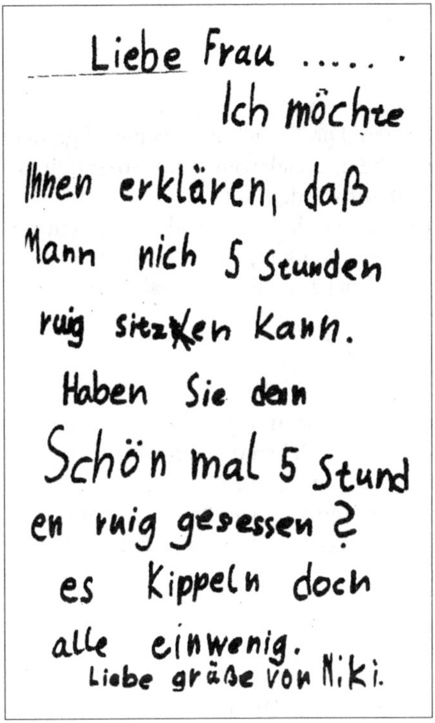

Liebe Frau .....
Ich möchte
Ihnen erklären, daß
Mann nich 5 Stunden
ruig sitzen kann.
Haben Sie denn
Schön mal 5 Stunden ruig gesessen ?
es Kippeln doch
alle einwenig.
Liebe grüße von Niki.

wenn sie nicht korrigiert werden, einschleifen und langfristig zu gesundheitlichen Beschwerden führen können. Die Folgen einer falschen Belastung der Wirbelsäule und vor allem eines mangelnden Ausgleichs zeigen sich in steigenden Zahlen von Jugendlichen mit Haltungsauffälligkeiten, Koordinationsschwächen, Übergewicht und Herz-Kreislaufbeschwerden.

Bewegungsübungen nach langen Phasen des Sitzens erzielen vielfältige körperliche, seelische und soziale Wirkungen. Der Körper richtet sich auf, die Gelenke werden wieder beweglich, die Nackenmuskulatur entspannt sich, der Kreislauf wird mobilisiert, die Konzentrationsfähigkeit steigt wieder an und die Lernbereitschaft wird geweckt. Zudem fördert das gemeinsame Üben gerade bei spielerischen Bewegungspausen die Ausbildung eines positiven sozialen Klimas in der Klasse.

Wir möchten an dieser Stelle ausdrücklich anmerken, daß die Bewegungspausen keinen Ersatz für den Sportunterricht darstellen können und sollen.

Entspannungsverfahren

Entspannung wird allgemein verstanden als Senkung der zentralnervösen Aktivität des Sympathikus und Anhebung der Parasympathikus-Aktivität. Entspannungsverfahren können zwar spezifische Effekte haben, sie führen aber ausnahmslos zu ganzheitlichen Entspannungsreaktionen. Einige Wirkungen sind nachfolgend zusammengestellt. Damit die gewünschten Wirkungen eintreten können, ist natürlich ein regelmäßiges Üben notwendig.

Wirkungen von Entspannungsverfahren

Psychische Wirkungen

- Es tritt ein Gefühl mentaler Frische ein. Die Teilnehmer erleben allgemein Gefühle des Wohlbefindens, der Ruhe und Gelassenheit, während unangenehme Gefühle und Ängste abgebaut werden.
- Die Wahrnehmungsschwellen verändern sich. Im Laufe der Übungen verlieren die Außenreize immer mehr die Fähigkeit, eine Reaktion auszulösen. Meist werden sie nach einigem Üben gar nicht mehr wahrgenommen.

Physiologische Wirkungen

- Die Skelettmuskulatur lockert sich und entkrampft.
- Die Blutkapillaren weiten sich. Dadurch erleben die Teilnehmer das Gefühl von Wärme und Schwere in Armen und Beinen.
- Blutdruck und Pulsfrequenz sinken geringfügig. Der Atemrhythmus wird ruhiger und gleichmäßiger. Das Gehirn zeigt veränderte, ruhigere Aktivitätsmuster.

Kognitive Wirkungen

- Die selektive Aufmerksamkeit wird erhöht. Die Informationsverarbeitungs- und Behaltensprozesse verbessern sich.

Tips zur Durchführung von Entspannungsverfahren

Zum unterrichtlichen Einsatz von Entspannungs- und auch Bewegungsübungen sollte ein Gespräch mit den Schülern gehören, in dem die positiven Auswirkungen auf Aufmerksamkeit und Konzentration erläutert werden. Für die Schüler soll die Teilnahme an solchen Übungen immer freiwillig sein. Nicht teilnehmende Schüler sollten sinnvoll beschäftigt werden. Oft genug reichen die positiven Erfahrungsberichte der teilnehmenden Schüler aus, um den einen oder anderen beim nächsten Mal zur Teilnahme zu bewegen.

Falls Sie noch nicht über unterrichtliche Erfahrungen mit Entspannungsverfahren verfügen, sollten Sie die Übungen das erste Mal in einer gefestigten Klasse oder Gruppe, die Ihnen vertrauensvoll gegenübersteht, durchführen. Nützliche Rahmenbedingungen und Arbeitsprinzipien erleichtern Ihnen den Einsatz von Entspannungsverfahren. Wir haben einige Tips für Sie zusammengestellt:

- Die Kleidung sollte bequem sein. Für einige Übungen kann man eventuell die Schuhe ausziehen oder die Brille absetzen.
- Die Körperhaltung sollte entspannt sein, damit Nacken-, Rücken- und Kopfschmerzen vermieden werden.
- Üben Sie möglichst mit geschlossenen Augen. Aber akzeptieren Sie auch, wenn sich Schüler darauf nicht einlassen mögen.
- Als Anleitender sollten Sie möglichst den Schülern gegenübersitzen, so daß Sie die Gruppe jederzeit sehen können.
- Wenn Sie selbst innerlich ruhig und entspannt sind, können Sie die Übungen am wirkungsvollsten durchführen.
- Gehen Sie behutsam vor und steigern die Komplexität der Übungen langsam, damit die Schüler Zeit haben, das Stillsitzen oder -liegen, das In-sich-Hineinhören und -spüren zu erlernen und die für sie vielleicht neuen Erfahrungen zu verarbeiten. Am Ende der Übungen ist es wichtig, die Entspannung zurückzunehmen, damit die Schüler wieder in den aktiven Zustand gelangen können. Dies geschieht über das kurze Anspannen der Arm- und Beinmuskeln und das Recken des ganzen Körpers sowie über bewußtes tiefes Ein- und Ausatmen.
- Im Anschluß an eine Übung sollten Sie als Gesprächspartner den Schülern zur Verfügung stehen, falls diese über ihre Übungserfahrungen sprechen wollen.

Die räumlichen Bedingungen im Klassenzimmer können das Arbeiten mit Entspannungs- und Bewegungsübungen beeinflussen. Ein freundlich eingerichtetes Klassenzimmer (z. B. mit einer Lese- und Ruheecke, Bilder, Blumen, Kerzen usw.) erleichtert den Einsatz der Übungen ebenso wie die Möglichkeit, schnell einen Stuhlkreis oder einen Sitzkreis auf dem Boden bilden zu können. Günstig wäre es, den Raum etwas abdunkeln zu können. Wenn ständig ein Kassettenrekorder sowie Matten oder Decken in der Klasse verfügbar sind, können Sie recht spontan Übungen in den Unterricht einflechten. Falls Sie Musik einsetzen, so suchen Sie die einzelnen Stücke sorgfältig aus und überlegen, ob die Musik die beabsichtigte Wirkung auch wirklich erreichen kann. Erklären Sie in der Klasse die Verhaltensregeln für Nicht-Teilnehmer, damit der Ablauf dann aufgrund vergessener Vereinbarungen nicht gestört wird.

Trotz der positiven Wirkungen von Entspannung sind diese Übungen nicht ohne weiteres und in jedem Fall anwendbar. Manchmal wird von Problemen mit Entspannungsverfahren bei Jugendlichen berichtet. Manchen, vor allem männlichen Jugendlichen, widerspricht Entspannung ihrem Selbstbild. Entspannung kann für sie Schwäche und Unterlegenheit bedeuten. Zudem haben Jugendliche im Gegensatz zu Kindern eine höhere Selbstaufmerksamkeit, und in der Folge entwickeln sie eher Schamgefühle. Vorsicht mit Entspannungsübungen ist bei Kindern und Jugendlichen mit niedrigem Blutdruck geboten. In Einzelfällen kann der Blutdruck während der Übung noch weiter absinken. Das ist zwar nicht schädlich, verfehlt jedoch das Ziel von Entspannung, da die Schüler eventuell einschlafen. Bei Schülern mit bestimmten Asthmaerkrankungen sollten Sie auf Entspannungsübungen verzichten, da in Einzelfällen die Symptomatik dadurch verstärkt werden kann.

Insgesamt gesehen ist der Nutzen von Entspannung im schulischen Alltag jedoch unbestritten. Mit der Zeit wird es Ihnen gelingen, Entspannungsübungen zum Bestandteil Ihres Unterrichts werden zu lassen. Nehmen Sie sich und geben Sie Ihren Schülern die Zeit dafür. Als Erinnerung mag die folgende kleine Begebenheit dienen:

Ein vielbeschäftigter und in Meditation erfahrener Weiser wurde von seinen Schülern gefragt, warum er trotz seiner vielen Tätigkeiten immer so ruhig sei. Er antwortete: »Wenn ich sitze, dann sitze ich. Wenn ich stehe, dann stehe ich. Wenn ich gehe, dann gehe ich. Wenn ich spreche, dann spreche ich ...«. Die Schüler waren verblüfft und entgegneten ihm: »Das tun wir aber doch auch.« Der Weise aber sagte: »Nein. Wenn Ihr sitzt, dann steht Ihr schon. Wenn Ihr steht, dann lauft Ihr schon. Wenn ihr lauft, dann seid Ihr schon am Ziel ...«

Phantasiereisen

Vorstellungen wirken ebenso wie reale Erlebnisse auf das vegetative Nervensystem. Allein die Vorstellung einer unangenehm erlebten Prüfungssituation läßt den Herzschlag beschleunigen oder die Hände feucht werden. Andererseits kann ein Tagtraum voller schöner Bilder und Situationen beruhigend wirken und z. B. die Atemfrequenz spürbar senken.

Phantasiereisen sind imanigative Verfahren. Sie können als Entspannungspause dienen, sie können aber auch dazu genutzt werden, Einstiege in ein neues Thema zu finden und es besser vorstellbar und plastischer werden zu lassen oder auch einen Rückblick über behandelte Unterrichtsinhalte anzuregen. Je nach Art der Phantasiereise können auch unbewußte Anteile der eigenen Person zu Tage gefördert werden. Man kann davon ausgehen, daß Phantasiereisen Bedürfnisse, Wünsche, Ängste und Hoffnungen zum Ausdruck bringen, wobei diese Inhalte oft verschlüsselt vorkommen. Im schulischen Alltag ist sehr genau zu prüfen, welche Art von Phantasiereise eingesetzt werden soll. Einfache Reisen an einen wunderschönen Ort haben eine andere Erlebnistiefe als Reisen mit autobiografischen Anteilen. Diese gehören nur in seltenen Fällen in die Schule.

Die Phantasiereisen sollen nicht dazu verführen, in der Schule therapeutisch tätig werden zu wollen. Das gehört in die Hände von Experten, die einen speziellen Arbeitsauftrag erhalten und in einem entsprechenden Setting tätig sind.

Phantasiereise hin - Phantasiereise her. Aber in einer Mathearbeit muß es heißen: „5% von 100 sind 5." Und nicht „Ganz entspannt liege ich am Strand, die Sonne scheint... oben am Himmel sind einige kleine Wölkchen ... vielleicht 100... einige schweben nach oben. Wieviel mögen es sein... 3... 7... 10... 12? Ach, es ist so schön warm..."

Was bereits grundsätzlich für den Einsatz von Entspannungs- und Bewegungsübungen beschrieben wurde, gilt in besonderem Maße für Phantasiereisen. Bevor Sie im Schulalltag mit gelenkten Phantasien arbeiten, sollten Sie diese Methode unbedingt an sich selbst erfahren und ihre Anwendung unter Anleitung vielleicht im vertrauten Kollegenkreis erprobt haben. Ihre persönliche Einstellung ist entscheidend für den Einsatz von Phantasiereisen im Unterricht. Wenn Sie keinen Zugang zu solchen Übungen haben, sollten Sie den Unterricht in der für Sie bewährten Weise weiterführen. Wenn Sie aber mit solchen Übungen Erfahrungen gemacht haben und spüren, wie sie die Ausgeglichenheit und Ruhe fördern, dann können Sie erste Schritte im Unterricht wagen. Voraussetzung ist ferner, daß Sie mit der jeweiligen Lerngruppe eine offene, vertrauensvolle und tragfähige Beziehung haben.

Tips zur Durchführung von Phantasiereisen

Um eine vertrauensvolle Atmosphäre zu unterstützen und Irritationen zu vermeiden, empfehlen wir Ihnen – besonders bei unerfahrenen Gruppen – bei der Anleitung von Phantasiereisen die folgenden Hinweise zu beachten:

- Sie selbst sollten sich in einem innerlich entspannten Zustand befinden.
- Beginnen Sie mit einer Hinführung in die Entspannung.
- Sprechen Sie in einfachen Sätzen. Wählen Sie eine altersgerechte Sprache. Das ist besonders wichtig bei Schülern mit Sprachdefiziten. Wenn diese

den Anleitungen nicht folgen können, dann werden sie auch keine Entspannung erleben.

- Vermeiden Sie zu lange Sprechpausen (nur ausnahmsweise länger als 15 Sek.).
- Geben Sie, eventuell wiederholt, den Hinweis, daß die Beteiligten sich sicher und geborgen fühlen können.
- Sprechen Sie in der Phantasie möglichst viele Sinne an. Verknüpfen Sie visuelle Eindrücke mit auditiven und kinästhetischen Eindrücken (z. B. »Während du siehst ..., hörst du ... und spürst du ...«). Das erhöht die Erlebnistiefe.
- Wenn Sie möchten, können Sie Zeit geben, damit die Schüler für begrenzte Zeit im Rahmen der Phantasiereise eigene Wege gehen.
- Führen Sie nicht in Keller, dunkle Höhlen, tiefes Wasser oder an andere potentiell bedrohliche Orte. Lassen Sie die Schüler keine gefährlichen Dinge tun.
- Vermeiden Sie abrupte Übergänge bei der Erzählung (z. B. durch Worte wie »plötzlich«, »schrecklich«, »unvermittelt«, »da« usw.).
- Verwenden Sie vor allem positiv besetzte Begriffe, die angenehme Vorstellungen hervorrufen.
- Beenden Sie die Übung mit einer Rückführung.
- Geben Sie Raum und Zeit für eine Nachbesprechung, auch dann, wenn Phantasiereisen zum Ende einer Schulstunde eingesetzt werden. Im Anschluß an eine Phantasiereise ist es sinnvoll, die von den Schülern gemachten Erfahrungen anzusprechen. Als Lehrer sollte man den Schülern als Zuhörer zur Verfügung stehen. Jeder kann seine Erfahrungen mitteilen. Wichtig ist ein einfühlendes, verstehendes Zuhören und kein Bewerten. Es gibt kein »Richtig« oder »Falsch«. Jede Art von Erfolgsdruck soll vermieden werden.

Hinführen und Rückführen von Phantasiereisen

Phantasiereisen beginnen genau genommen bereits vor der eigentlichen Reise, nämlich mit einer behutsamen Hinführung in die Phantasiereise. Diese Hinführung hat den Zweck, daß die Schüler langsam auf die Reise vorbereitet werden und in einen entspannten Zustand gelangen.

Legen Sie sich eine Standard-Hinführung zurecht, wenn Sie regelmäßig Phantasiereisen anleiten. Der immer gleiche Text hat mit der Zeit für die Schüler einen gewissen konditionierenden Effekt, so daß sie sehr schnell in einen entspannten Zustand gleiten können.

Das gilt auch für die Rückführung. Phantasiereisen können zu einer physiologischen Deaktivierung führen. Daher ist das Zurücknehmen am Ende der

Übung unabdingbar, um das normale Aktivitätsniveau wieder herzustellen. Auch bei der Rückführung ist ein gewisses Ritual hilfreich. Wir drucken Ihnen unsere Vorschläge für die Hin- und Rückführung ab.

Hinführung

Mache es Dir an Deinem Platz bequem ... setze oder lege Dich entspannt hin ... prüfe, ob Dich etwas stört: eine zu enge Gürtelschnalle, Portemonnaie ... wenn ja, so ändere dies ... schließe Deine Augen ... mache es Dir noch ein wenig bequemer ... Dein Atem geht ruhig und gleichmäßig ... mit jedem Ausatmen wirst Du ein wenig ruhiger und entspannter ... Du spürst, wie Du hier sitzt oder liegst und wie sich die Entspannung allmählich ausbreitet ... im Gesicht ... in den Schultern ... in den Armen und Händen ... die Spannung weicht aus Deinem Bauch ... aus den Beinen ... aus den Füßen ... und das ist ein angenehmes Gefühl ... Du bist entspannt ... gelöst ... gelassen ...

Rückführung

Ganz langsam ... in Deinem Tempo ... richtest Du jetzt wieder Deine Aufmerksamkeit nach außen ... Du kommst zurück in diesen Raum (lauter werden) ... nimm' ein paar tiefe Atemzüge ... bewege die Zehen und Finger ... bewege Arme und Beine ... lasse die Bewegungen größer werden ... dehne, recke und strecke Dich ... öffne die Augen, wenn sie geschlossen waren ... Du fühlst Dich erfrischt und ausgeruht.

Um die möglichen »Untiefen« einer Phantasiereise ausfindig zu machen, empfehlen wir Ihnen, diese im Rahmen von Fortbildung zu erproben und dann zunächst alleine für sich durchzuspielen. Sie können sie z. B. auf Band sprechen oder sprechen lassen und auf diese Weise einmal selbst erleben. Leiten Sie auf keinen Fall eine Phantasiereise an, bei der Sie selbst ein Unwohlsein verspüren: vielleicht, weil Sie sich nicht zutrauen, mögliche Reaktionen aufzufangen, oder weil Sie als Teilnehmer selbst vor dieser Phantasiereise Angst hätten. In aller Regel übertragen sich Ihre Befürchtungen unbewußt auf die Gruppe. Abgesehen von der jeweiligen »Tagesform« haben Jugendliche mit großem Kontrollbedürfnis oder Ängsten oftmals Schwierigkeiten, sich auf Phantasiereisen einzulassen. Dies ist bei Jungen häufiger zu beobachten als bei Mädchen. Respektieren Sie diese Schwierigkeiten und weisen Sie auf die Freiwilligkeit hin. Betonen Sie auch, daß jeder einen eigenen Weg gehen kann und jederzeit die Möglichkeit hat, die Phantasiereise abzubrechen. Achten Sie jedoch andererseits darauf, daß die Mehrheit ungestört an der Phantasiereise teilnehmen kann.

Lassen Sie sich von den aufgeführten Einschränkungen nicht von dem pädagogischen Einsatz von Phantasiereisen entmutigen, sondern halten Sie es mit Richard de Mille, der einmal gesagt haben soll: Phantasie kann den Zug der Gedanken auf ein Gleis dirigieren, auf dem alles freundlicher aussieht.

2. Praxisbeispiele

2.1 Handhabung der Praxisbeispiele

Wir haben unsere methodischen Anregungen in 9 Kategorien zusammengefaßt. Zunächst wird das **Grundprinzip** so anschaulich wie möglich anhand eines Beispiels beschrieben. Ein Blick auf das **Kriterienraster** liefert Ihnen vorab eine Kurzinformation über Möglichkeiten und Grenzen der jeweiligen Methode.

Wenn vielfältig einsetzbare Methoden oder Techniken wie z. B. das »Texthandeln« dargestellt werden, weisen wir in den **Vorbemerkungen** noch einmal kurz auf die zugrunde liegenden lernpsychologischen Aspekte hin. Dies erscheint uns angebracht, um Sie und auch die Schüler und Eltern über die Sinnhaftigkeit und Zielsetzung der Übungen, die manchmal den traditionellen Lernweg verlassen, zu informieren.

In den **Anmerkungen** möchten wir auf Punkte hinweisen, die gemäß unserer Erfahrungen bzw. durch Rückmeldungen von Kollegen aus unseren Workshops in der Anwendung der Methoden im Klassenraum besonderer Beachtung bedürfen. Wir weisen hier auf Klippen und Fallen hin, die man umgehen kann und so zum Gelingen der Übungen beitragen.

In den Erläuterungen zu **Variationen und Transfer** geben wir Ihnen Anregungen und praktische Hinweise, das Grundmuster der Methode auf die unterschiedlichen Anforderungsebenen, sowohl den Fächerkanon als auch andere Arbeitsphasen im Unterricht betreffend, zu übertragen. Einzelne Vorschläge mögen auf den ersten Blick schwer durchführbar erscheinen. Wir möchten Sie jedoch ermutigen, diese »quergedachten« Vorschlage unvoreingenommen zu betrachten und möglicherweise durch diese Auseinandersetzung zu ganz anderen, vielleicht ähnlich gewagten Ergebnissen zu kommen.

2.2 Alle Methoden im Überblick

An dieser Stelle finden Sie einen Überblick über alle im Manual beschriebenen Methoden. Den vier Methodenkriterien »Bewegung oder Entspannung ermöglichen«, »niemanden ungewollt exponieren«, »viele Schüler einbeziehen« und »Kommunikation ermöglichen« haben wir den Aspekt »Schüler erarbeiten selbst« hinzugefügt. Dies soll Sie dazu animieren, im Sinne des selbstorganisierten Lernens den Schülern die Vorbereitung und Durchführung einer Methode zu überlassen.

Die vielfältigen Transfermöglichkeiten einer Methode erschließen sich nicht immer sofort. Manch interessante Anregung geht dadurch verloren, daß sie sich auf den ersten Blick nicht in die jeweilige Unterrichtssituation oder in das Thema einbinden läßt. Wir zeigen Ihnen in der Spalte »Transfer möglich« Transferanregungen auf, die zum Weiter- und Querdenken anregen sollen. Gemeint sind damit keine Transfermöglichkeiten in verschiedene Unterrichtsfächer, sondern Transfermöglichkeiten in die Phasen »Themen erschließen und diskutieren (TE)«, »Themen wiederholen und festigen (TW)«, »Planen von Vorhaben (P)« und »Auswerten (A)« hinein.

	Bewegung ermöglichen	niemanden ungewollt exponieren	viele Schüler einbeziehen	Kommunikation ermöglichen	Transfer möglich	Schüler erarbeiten selbst	Seite im Manual
Kennenlernen							
Blinde Schlange	●	●	●	●			47
Das unterschreibe ich	●	●	●	●	TE, TW, A	●	48
Die Gruppe kann vieles	●	●	●	●	TE	●	53
Lügendetektor			●	●	TW	●	54
Lügenportrait			●	●	TW	●	55
Name, Ball, Leibgericht	●		●				56
Unterschiede und Gemeinsamkeiten		●	●	●	TE, TW, P	●	57
Vorhang auf – Vorhang runter!	●	●	●				58
Wo ist meine Ecke?	●	●	●	●	TE		59

	Bewegung ermöglichen	niemanden ungewollt exponieren	viele Schüler einbeziehen	Kommunikation ermöglichen	Transfer möglich	Schüler erarbeiten selbst	Seite im Manual
Gruppen und Paare bilden							
Horch' mal	●	●	●			●	61
Teams bilden mit Bällen	●	●	●				62
Text-Puzzle	●	●	●	●	TE, TW	●	63
Wer hängt noch am Seil?	●	●	●				64
Wer zieht gleich?	●	●	●				65
Themen erschließen und diskutieren (TE)							
Bilder malen			●	●	A		66
Brainstorming			●	●	P		67
Fotoassoziationen	●	●	●	●	A	●	68
Konzentrische Kreise	●	●	●	●	TW, P, A	●	69
Laufdiktat/Stationenlernen	●	●	●		TW		72
Lobby-Diskussion		●	●	●		●	74
Marktstände	●	●	●	●	P		75
Mein Standpunkt	●		●	●	TW	●	76
Namenraten »Wer bin ich?«	●	●	●	●	TW	●	78
Piktogramme		●	●	●	TW	●	79
Schneelawine	●	●	●	●			81
Schreibgespräch	●	●	●	●	TW, A		81
Texthandeln	●	●	●	●	TW	●	82
Was ist mir wichtig?		●	●	●	P	●	85
Wühlkiste		●	●	●		●	88

	Bewegung ermöglichen	niemanden ungewollt exponieren	viele Schüler einbeziehen	Kommunikation ermöglichen	Transfer möglich	Schüler erarbeiten selbst	Seite im Manual
Themen wiederholen und festigen (TW)							
Das ist tabu			●	●		●	90
Domino		●	●	●		●	91
Galeerenspiel	●		●				92
Memory		●	●	●		●	93
Risiko		●	●	●		●	94
Tortilla	●	●	●	●		●	95
Vier gewinnt		●	●	●	TE	●	97
Planen von Vorhaben (P)							
Die Planung auf den Kopf stellen		●	●	●			100
Entscheidungs-streifen	●	●	●	●			101
Kartenabfrage »Klassenfahrt«	●	●	●	●	A		103
Planungsposter		●	●	●			104
Auswerten (A)							
Brief an mich selbst		●	●				106
Die heißen Stühle	●		●	●			107
Donnerwetter	●		●	●			108
Fragebogen		●	●	●		●	109
Koordinaten-system	●	●	●			●	113
Zielscheibe	●	●	●			●	114
Bewegen							
Alle auf meinen Schoß	●	●	●				116
Ballsalat	●	●	●				117
Ballwettrennen	●	●	●				118

	Bewegung ermöglichen	niemanden ungewollt exponieren	viele Schüler einbeziehen	Kommunikation ermöglichen	Transfer möglich	Schüler erarbeiten selbst	Seite im Manual
Bewegung auf dem Stuhl	●	●	●				119
Fingerakrobatik	●	●	●				120
Franz sagt	●		●				121
Gymnastik zwischendurch	●	●	●				122
Hand-Jive	●	●	●				123
Klatschspalte	●	●	●				124
Klatschwelle	●	●	●				125
Koordinationsübungen	●	●	●				127
Entspannen und Konzentrieren							
Atemübungen	●	●	●				131
Augenübungen		●	●				132
Die 3-Minuten-Pause im Sitzen	●	●	●				133
Ich bin eine Marionette	●	●	●				134
KIM-Übungen	●	●	●	●		●	135
Massage mit dem Igelball		●	●				138
Musikmalen		●	●				140
Phantasiereise »Herbstwald«		●	●		A		141
Phantasiegeschichte »Weg der G.«		●	●		TW TE		143
Progressive Muskelentspannung	●	●	●				145
Reise durch den Körper		●	●				147
Rückenmalen		●	●	●	TW		149
Wetter fühlen		●	●				150

	Bewegung ermöglichen	niemanden ungewollt exponieren	viele Schüler einbeziehen	Kommunikation ermöglichen	Transfer möglich	Schüler erarbeiten selbst	Seite im Manual
Spiele							
Affe, Elefant, Palme	●		●	●		●	153
Grummel-Grummel	●		●				155
Gruppenknobeln	●	●	●	●		●	156
Gruppenknoten	●	●	●				157
Nummern klatschen	●		●				159
Verflixte 7			●		TW		160
Was ist das?		●	●				161
21-raus			●		TW		161

2.3 Meine persönliche Checkliste

Vielleicht werden Sie sich beim Durchlesen dieses Buches vornehmen, die eine oder andere Methode oder Übung in Ihrem Schulalltag auszuprobieren. Damit es Ihnen leichter fällt, den einmal getroffenen Vorsatz auch in die Tat umzusetzen, können Sie sich gewissermaßen selbst verpflichten, indem Sie die folgende Liste ausfüllen.

Folgende Methoden und Übungen möchte ich gern in meinem Unterricht erproben

	in welcher Klasse/ Lerngruppe?	bis zu welchem Zeitpunkt?	folgende Erfahrungen habe ich gemacht
Kennenlernen			
Gruppen und Paare bilden			
Themen erschließen und diskutieren			
Themen wiederholen und festigen			
Planen von Vorhaben			
Auswerten			
Bewegen			
Entspannen und Konzentrieren			
Spiele			

2.4 Praxisbeispiele

2.4.1 Kennenlernen

Der Phase des Kennenlernens wird von vielen Lehrern im Schulalltag oft nicht die ihr gebührende Bedeutung eingeräumt. Gerade zu Beginn eines neuen gemeinsamen Abschnittes werden sehr schnell die Weichen für das Gruppenklima gestellt und damit auch einige Grundbedingungen für gemeinsames erfolgreiches Lehren und Lernen festgelegt. Eine entspannte, offene und heitere Atmosphäre fördert die Arbeitsprozesse in der Gruppe.

Nicht nur das Kennenlernen der Personen und Namen spielt eine Rolle. Gleichzeitig werden erste Kontakte in der neuen Gruppe angebahnt. Mit den Übungen soll ein positives Gruppenklima gefördert werden. Außerdem können Kennenlernspiele die Selbstwahrnehmung und die Wahrnehmung der Mitschüler unterstützen. Durch behutsam gewählte Methoden können die Schüler Selbstvertrauen gewinnen sowie Vertrauen in andere aufbauen, um Scheu und Zurückhaltung in neuen Lerngruppen und neuen Lernsituationen abzubauen.

Darüber hinaus können einige der Übungen als Transfer zu anderen unterrichtlichen Zwecken eingesetzt werden.

Blinde Schlange

Bewegung ermöglichen	✓	viele Schüler einbeziehen	✓
niemanden ungewollt exponieren	✓	Kommunikation ermöglichen	✓

In diesem Spiel für die Gesamtgruppe steht das Namenlernen im Mittelpunkt. Spielerischer Körperkontakt trägt zur Bildung eines angenehmen Gruppenklimas bei.

Durchführung

Die Schüler gehen im Raum umher. Auf ein Zeichen des Spielleiters sollen sie sich hintereinander der Größe nach in eine Reihe stellen. Wenn die Reihe gebildet ist, nennt jede Person entweder seinen eigenen Namen oder stellt, falls sich die Gruppe schon ein wenig kennt, seinen direkten Nachbarn vor.

Anmerkungen

Sie können die Schüler bitten, die Augen zu schließen und die Reihe mit geschlossenen Augen zu bilden. Wenn sich die Schlange gebildet hat, öffnen alle Schüler die Augen und stellen ihren direkten Nachbarn vor. Das erfordert ein wenig Körperkontakt und macht in der Regel viel Spaß.

Andere Kriterien zum Bilden der Schlange können sein: die Entfernung zum letzten Urlaubsort, Geburtstagsreihenfolge von Januar bis Dezember, alphabetische Namensreihe, Alter usw. Es ist auch möglich, die Schlange nonverbal bilden zu lassen.

Das unterschreibe ich

Bewegung ermöglichen	✓	viele Schüler einbeziehen	✓
niemanden ungewollt exponieren	✓	Kommunikation ermöglichen	✓

Ein Spiel zum Kennenlernen, aber auch mit vielen Transfermöglichkeiten im schulischen Alltag.

Durchführung

Jeder Teilnehmer benötigt einen Stift sowie eine Kopie des Arbeitsblattes (Beispiel 1). Alle gehen im Raum umher und suchen sich je einen Gesprächspartner. Beide Partner stellen sich je eine der auf dem Arbeitsblatt befindlichen Fragen. Wenn dieser die Aussage mit »Ja« bestätigen kann, dann unterschreibt er mit seinem Namen in dem

dafür vorgesehenen Feld. Danach trennen sich die Paare und jeder sucht einen neuen Gesprächspartner, dem er eine andere Frage stellt. Die Schüler können umhergehen, bis sie in jedem Feld eine andere Unterschrift erhalten haben.

Anmerkungen

Diese Kennenlernübung erfordert Bewegung von allen Schülern. Die Sozialform ist so gewählt, daß es zu vielen kurzen Partnerdialogen kommt. Dadurch werden auch zurückhaltende Personen ermutigt, in ein Gespräch zum Thema einzutreten.

Der Lehrer nimmt für die Dauer der Übung eine Beobachterrolle ein oder spielt einfach mit. Er kann beim Wiederholen von Lerninhalten auch mit seinem Expertenwissen beratend zur Verfügung stehen.

Variationen und Transfer

1. *Einführen in ein Thema*

   Am Beispiel Ernährungsverhalten kann der Fragebogen dazu dienen, Schüler für das neue Thema zu sensibilisieren, Einstellungen und Verhaltensweisen voneinander kennenzulernen. In einem anschließenden Gespräch können aufgrund der Übung die weiteren Themenschwerpunkte abgesprochen werden. Mögliche Aussagen sind: ißt gern Schokolade / ernährt sich vegetarisch / findet ökologischen Landbau sinnvoll / meint, Fleisch sei unverzichtbar in der Nahrung / macht sich Sorgen um die Schadstoffbelastung der Lebensmittel.

2. *Wiederholen von Lerninhalten (Beispiel 2)*

   Der Fragebogen enthält Fragen zu einem Lernabschnitt, hier zum Beispiel Medienerziehung. Die Schüler beantworten die Fragen wie auf der Anleitung beschrieben. Damit kann die Übung gut zum Wiederholen vor Klassenarbeiten eingesetzt werden. Gute Erfahrungen liegen auch mit der Variante vor, daß einzelne Schüler z. B. als Hausaufgabe die Fragen und dazugehörigen Antworten entwickeln und den Fragebogen erstellen. Während der Übung übernehmen diese dann die Aufgabe der beratenden Experten.

3. *Auswerten von Vorhaben*

   In diesem Fall werden Aussagen zur Auswertung z. B. einer Klassenfahrt oder eines gemeinsamen Projektes vorbereitet. Die Schüler können sich in wechselnden Paaren ihre persönlichen Einschätzungen vorstellen und begründen.

Beispiel 1: Kennenlernen

Das unterschreibe ich

Bitte suche jemanden, der auf eine der folgenden Aussagen mit »JA« antworten kann und lasse ihn mit seinem Namen unterschreiben. Du kannst Deinem Partner nur eine Frage stellen, dann gehst Du bitte zu einem anderen Teilnehmer. Gehe umher, bis Du in jedem Feld eine Unterschrift erhalten hast.

ißt gern Hamburger	findet Nachmittags-Talkshows im Fernsehen gut	ist aktiv in einem Sportverein tätig
hat Geschwister	würde gern mehr mitbestimmen bei der Auswahl von Unterrichtsthemen	ist schon mal auf einem Schiff gefahren
hat ein Haustier	findet boy-groups langweilig	findet Cola zu süß
findet eine gute Klassengemeinschaft wichtig zum Wohlfühlen in der Schule	freut sich morgens auf die Schule	unternimmt in der Freizeit viel mit Freunden

Beispiel 2: Wiederholen von Lerninhalten

In diesem Beispiel handelt es sich um das Thema Medienerziehung. Der folgende Fragebogen diente zur Wiederholung vor einer Klassenarbeit.

Das unterschreibe ich

Suche Dir eine Mitschülerin oder einen Mitschüler, der Dir **eine** der folgenden Fragen beantworten kann und lasse ihn, wenn Du mit der Antwort zufrieden bist, unterschreiben. Danach wechsle den Partner und stelle nun eine andere Frage. Gehe solange umher, bis Du in jedem Feld eine Unterschrift hast. Solltest Du mit einer Antwort nicht zufrieden sein, weil Du Dir vielleicht selbst nicht sicher bist, ob sie richtig oder vollständig beantwortet ist, hast Du die Möglichkeit, das »Expertengremium« (es kann sich z. B. aus Schülern zusammensetzen, die diese Rolle freiwillig übernehmen wollen und sich zu Hause darauf vorbereitet haben) um Rat zu fragen.

Kinder verstehen Fernsehsendungen in Übereinstimmung mit ihrem jeweiligen intellektuellen Entwicklungsstand. Wie nehmen 3–5jährige Kinder einen Filmbeitrag wahr?	Benenne und begründe 5 Vorschläge, die Eltern bei der Fernseherziehung beherzigen sollten.	Wovon sind Medienwirkungen abhängig?
Beschreibe und begründe 4 unterschiedliche kindgerechte filmdramaturgische Prinzipien.	Welche Verhaltensweisen eines Kindes lassen auf ein aktives Filmerleben schließen?	Wie nehmen 6–7jährige Kinder einen Filmbeitrag wahr?
Bruno Bettelheim behauptet, daß »Kinder Fernsehen brauchen«. Wofür?	Benenne die 3 Prinzipien des Grundverständnisses einer kindgerechten Fernseherziehung.	Wie verhält sich ein Kind, wenn es von einem Filmbeitrag überfordert zu sein scheint?

Die Gruppe kann vieles

Bewegung ermöglichen	✓	viele Schüler einbeziehen	✓
niemanden ungewollt exponieren	✓	Kommunikation ermöglichen	✓

Mit Hilfe dieser Methode können sehr gut die vielfältigen Kompetenzen einer Gruppe deutlich gemacht werden.

Durchführung

Alle Schüler bekommen je eine Karteikarte mit jeweils einer Frage darauf (z. B. »Welche Sportarten werden in der Gruppe gespielt?«). Es sollten so viele verschiedene Fragen sein wie es Gruppenmitglieder gibt. Dann gehen die Schüler umher und versuchen, durch Befragen ihrer Gesprächspartner ihre Aufgabe zu lösen. Gleichzeitig können sich die Partner einander kurz vorstellen. Nach Abschluß der Befragung können die Ergebnisse der Umfrage im Plenum vorgestellt werden.

Mögliche Fragen:

- Welche Sprachen werden in der Gruppe gesprochen?
- Wieviele Schüler können kochen?
- Welche Musikinstrumente werden gespielt?
- Welche Haustiere gibt es in der Gruppe?
- Welche Sportarten werden ausgeübt?
- Welche Lieblingsgetränke gibt es?

Anmerkungen

Interessanter, aber auch zeitaufwendiger, sind Wer-Fragen (Wer treibt welche Sportarten?). Das Vorstellen der Ergebnisse ermöglicht ein viel intensiveres gegenseitiges Kennenlernen.

Variationen und Transfer

Das Spiel kann auch zum Einstieg in ein neues Thema in fast allen Fächern verwendet werden. Mit Fragen zum neuen Themengebiet ist dieses Spiel geeignet, um Vorwissen, Einstellungen, Meinungen und Verhaltensweisen zu verdeutlichen. Damit können vielfältige Gesprächsanlässe geschaffen werden.

Lügendetektor

Bewegung ermöglichen		viele Schüler einbeziehen	✓
niemanden ungewollt exponieren		Kommunikation ermöglichen	✓

In dieser Übung geht es um das Bild, das jeder vom anderen hat, um die Überraschungen, die man beim Vergleich von (Vor-)Urteil und Wirklichkeit erleben kann und um die Bereitschaft, das Bild von seinem Gegenüber zu verändern.

Durchführung

Das Plenum teilt sich in Gruppen zu 3 – 5 Personen auf. Jedes Gruppenmitglied bekommt 4 Leitfragen, z. B.

- Was kann ich besonders gut?
- Was ist mir besonders unangenehm?
- Was täte ich mit einem hohen Lottogewinn?
- Was ist meine liebste Freizeitaktivität?

Jeder Schüler beantwortet diese Fragen für sich, dabei soll eine der vier Antworten erlogen sein. Die Antworten werden dann in der Kleingruppe vorgestellt, und die falsche Antwort soll herausgefunden werden.

Als weitere Anregungen für die Gespräche sollen folgende Fragen dienen:

- Was ist deine größte Hoffnung?
- Wer oder was ist deine heimliche Leidenschaft?
- Was macht dich besonders wütend?
- Was loben deine Freunde an dir?
- Was war dein größter Erfolg?
- Was war deine größte Fehlentscheidung?
- Wie würdest du jemandem am Telefon dein Äußeres beschreiben?
- Was würdest zuerst durchsetzen, wenn du einen Tag Deutschland regieren könntest?
- Welchen Traum möchtest du dir unbedingt erfüllen?

Variationen und Transfer

Es gibt viele Möglichkeiten, das Prinzip in die jeweiligen Fächerinhalte einzubeziehen und somit Gelerntes zu festigen, indem die Schüler Tatsachen von Erfundenem unterscheiden müssen, z. B.

Die herausragendsten Charaktereigenschaften von Mephisto sind:

● .... ● .... ● ....

Die typischen Eigenschaften von Enzymen sind:

● .... ● .... ● ....

Lügenportrait

Bewegung ermöglichen		viele Schüler einbeziehen	✓
niemanden ungewollt exponieren		Kommunikation ermöglichen	✓

Diese Übung geht auf das altbekannte Partnerinterview zurück. Die Schüler sind gefordert, ihren Partnern genau zuzuhören und später im Plenum das Gehörte mit eigenen Worten zusammenzufassen.

Durchführung

Die Gesamtgruppe wird in Paare aufgeteilt. Die Paare sollen sich gegenseitig über Name, Wohnort, Familie, Hobbies, Haustiere, Vorlieben und Abneigungen etc. befragen. Dann stellt ein Teilnehmer seinen Interviewpartner dem Plenum mit 4 Informationen vor, die interessant oder bemerkenswert sind. Eine der vier Informationen sollte allerdings erlogen sein. Das Plenum versucht dann, die falsche Information zu erkennen.

Anmerkungen

Weitere Gesprächsanregungen finden Sie im Praxisbeispiel »Lügendetektor«. Sie können zunächst bei der Partnersuche den Schülern die freie Wahl lassen. Später sind auch Zufallspaare (s. Abschnitt »Paare und Gruppen bilden«) möglich, damit für eine begrenzte Zeit auch Schüler zusammenarbeiten, die sich nicht so nahe stehen.

Variationen und Transfer

Die Vorstellung kann auch in Form einer »dramatischen« Präsentation (salbungsvoll wie in einer Predigt, nüchtern wie in einer Nachrichtensendung, anpreisend wie in einem Werbespot oder auffordernd zum Beispiel als Steckbrief) erfolgen. Die Übung ist mit entsprechender Niveauanpassung gut im Fremdsprachenunterricht einzusetzen.

Name, Ball, Leibgericht

Bewegung ermöglichen	✓	viele Schüler einbeziehen	✓
niemanden ungewollt exponieren		Kommunikation ermöglichen	

Dieses Kennenlernspiel verbindet das bewegte Lernen der Namen mit Ankerreizen, um das Gelernte besser merken zu können.

Durchführung

Die Schüler sitzen oder stehen in einem Kreis. Eine Person hat einen Ball oder großen Ballon in der Hand, nennt ihren Namen und ein Leibgericht oder Lieblingsgetränk (»Ich heiße ... und mag besonders gern ...«) und wirft den Ball anschließend einem anderen Mitspieler zu. Das geht solange weiter, bis jeder seinen Namen und Gericht oder Getränk genannt hat. Bedingung dabei ist, daß das Gericht oder Getränk mit demselben Anfangsbuchstaben wie der eigene Name beginnt.

In der nächsten Runde sollen die Namen der fangenden Schüler genannt werden. Dazu werfen die Schüler den Ball zu einer beliebigen anderen Person, dessen Name und Leibgericht sie erinnern.

Anmerkungen

Der gleiche Anfangsbuchstabe von Leibgericht und Name soll gewissermaßen als Eselsbrücke das Behalten erleichtern.

Man kann den Namen anstelle der Nennung eines Leibgerichtes mit einer Pantomime ergänzen, die z. B. eine Stimmung oder ein Hobby ausdrücken kann. Die betreffende Person stellt sich in diesem Fall mit Namen und Pantomime vor. Daraufhin wiederholen alle Schüler den Namen und die Pantomime.

Unterschiede und Gemeinsamkeiten

Bewegung ermöglichen		viele Schüler einbeziehen	✓
niemanden ungewollt exponieren	✓	Kommunikation ermöglichen	✓

Durchführung

Die Gesamtgruppe wird in Gruppen zu 3–5 Schülern aufgeteilt (Anregungen hierzu: Abschnitt »Paare und Gruppen bilden«). Jede Gruppe erhält einen Bogen Wandzeitungspapier, das im Falle einer 4er-Gruppe folgendermaßen aufgeteilt ist:

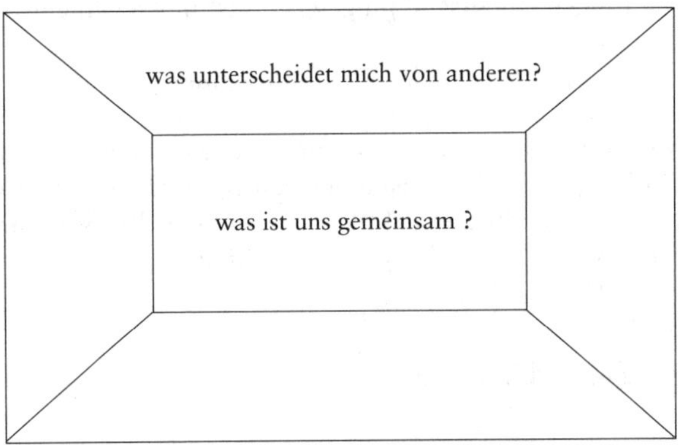

Die Teilnehmer der Kleingruppen setzen sich nun vor »ihr« Segment und versuchen im Gespräch, Gemeinsamkeiten der Gruppe herauszufinden, die dann in die Mitte geschrieben werden (z. B. blonde Haare, Alter, Geschwisterzahl, ...). Anschließend werden in die äußeren Segmente Aspekte geschrieben, die einzigartig für den jeweiligen Teilnehmer sind. Die Ergebnisse können dann im Plenum vorgestellt und als Poster aufgehängt werden.

Anmerkungen

Das Blatt Papier sollte möglichst groß (Zeichenblock oder größer) und die schriftlich fixierten Ergebnisse ebenfalls groß mit einem dicken Filzschreiber geschrieben werden. Die Schüler sollten ihren Namen zu »ihren« Segmenten schreiben. Sie können mit der Gruppe gemeinsam festlegen, worauf sich die Gemeinsamkeiten und Unterschiede beziehen sollen, z. B. nur auf Äußerlichkeiten.

Ein kurzes Gespräch am Ende der Übung (Gab es Überraschendes? War es leicht oder schwer, Gemeinsamkeiten zu entdecken? ...) ist sinnvoll, da während der Übung eine sehr intensive Gesprächssituation entsteht.

Variationen und Transfer

Wenn die Gruppenmitglieder in die jeweiligen Segmente nicht ihre Namen schreiben, dann können Sie als Alternative zum Vorstellen im Plenum die anderen Teilnehmer raten oder einschätzen lassen, zu wem die Unterscheidungen passen.

Das Prinzip läßt sich auch themenbezogen im Unterricht anwenden:

- Türkische Jungen – deutsche Jungen. Was ist ihnen gemeinsam und was unterscheidet sie?
- Vitamine – Was unterscheidet die Vitamine der B-Gruppe von den Vitaminen A, D und E?
- Charaktere aus »Macbeth«. Was unterscheidet Macbeth, Banquo, Lady M., Malcolm, Duncan? Was ist ihnen gemeinsam?
- Auswertung eines Betriebspraktikums oder einer Klassenfahrt. Was hat nur mir und was hat uns allen ge- oder mißfallen?

Vorhang auf – Vorhang ’runter

Bewegung ermöglichen	✓	viele Schüler einbeziehen	✓
niemanden ungewollt exponieren	✓	Kommunikation ermöglichen	

In diesem Kennenlernspiel geht es darum, den Namen der gegenüberstehenden Person möglichst schnell zu nennen.

Durchführung

Die Gesamtgruppe wird dazu in 2 Halbgruppen aufgeteilt, die sich im Abstand von 2–3 m gegenüberstellen. Noch besser ist es, wenn die beiden Gruppen sich diesseits und jenseits einer geöffneten Tür stellen. Zwei Helfer halten zwischen beiden Gruppen ein großes Tuch oder eine Decke als Vorhang, so daß die Gruppen einander nicht sehen können. Jeweils eine Person aus jeder Gruppe geht nun leise zum Vorhang. Auf Zuruf des Spielleiters lassen die Helfer den Vorhang fallen. Derjenige, der zuerst den Namen des Gegenübers ruft, darf sein Gegenüber mit in seine eigene Gruppe nehmen. Nun wird der Vorhang wieder zugezogen, und die nächsten (oder vielleicht dieselbe Person?) stellen sich an den Vorhang ... Spielende ist z. B., wenn eine Gruppe auf 3 Personen geschrumpft ist.

Anmerkungen

Für dieses Spiel benötigen Sie ein großes Tuch oder ein Decke, hinter der sich die Schüler verstecken können.

Wo ist meine Ecke?

Bewegung ermöglichen	✓	viele Schüler einbeziehen	✓
niemanden ungewollt exponieren	✓	Kommunikation ermöglichen	✓

Durchführung

Die Schüler stehen in der Mitte des Raumes. Nun nennt der Spielleiter ein Kriterium zur Gruppenbildung, z. B. die Geschwisterzahl. Den Ecken des Raumes werden mögliche Geschwisterzahlen zugeordnet: keine Geschwister, 1 oder 2 oder mehr als 2 Geschwister. Auf ein Zeichen des Spielleiters sollen alle Schüler möglichst schnell in die für sie zutreffende Ecke laufen. Wenn Sie wollen, geben Sie den Gruppen dann etwas Zeit, damit sich die Teilnehmer ein wenig unterhalten können. Danach kommen sie wieder in die Raummitte zusammen, ein neues Kriterium wird genannt, und die Gruppenbildung beginnt erneut.

Anmerkungen

Bei der Auswahl der Kriterien sollte darauf geachtet werden, daß die Kriterien niemanden diskriminieren. Lassen Sie den Schülern je nach Kriterium etwas Zeit, sich auszutauschen. Erfahrungsgemäß ist die Neugierde, etwas über die Mitspieler zu erfahren, recht groß. Es bietet sich eine Vielfalt möglicher Kriterien an:

- Wer ist schon mehrmals/einmal/noch nie mit dem Flugzeug geflogen?
- Wer ist schon einmal/noch nie auf einem Bauernhof gewesen?
- Wer hat ein Haustier (Hund, Katze, Fisch, andere)?
- Augenfarbe, Alter, ...

Variationen und Transfer

Mit entsprechenden Fragen oder Aussagen kann dieses Spiel auch zum Erschließen neuer Themenfelder oder zur Diskussion von Sachverhalten eingesetzt werden, um Meinungen und Vorwissen zu erfassen und zu verdeutlichen.

2.4.2 Gruppen und Paare bilden

Gruppen- und Partnerarbeit erhöht die Intensität der Auseinandersetzung mit einem Unterrichtsthema. In den Gruppenprozessen sind die Lernebenen vielschichtig. Neben der inhaltlichen Verarbeitung sind die Aspekte der Arbeits- und Gruppenorganisation, die Verbindlichkeiten und Verantwortung innerhalb und für die Gruppe nicht zu unterschätzende Aspekte sozialer Kompetenz.

Durch das Bilden von Teams soll die Gesamtgruppe in arbeitsfähige Kleingruppen aufgeteilt werden. Im Fremdsprachenunterricht ist die Partnerarbeit ideal, da bei dieser Arbeitsform die Schüler den höchsten Sprechanteil aufweisen. Ansonsten gilt, daß Gruppen mit 3 – 7 Mitgliedern eine optimale Gruppengröße für eine intensive, konstruktive und effektive Arbeit darstellen. Sie sind, wenn es um das Zusammentragen von Informationen und das Bewerten von Informationen geht, gegenüber Einzelpersonen im Vorteil. Es hängt von den Zielen ab, ob Sympathie-, Themen- oder Zufallsgruppen sinnvoll sind.

Im unterrichtlichen Alltag ist das Bilden von Paaren oder Gruppen oft mit Problemen besetzt und für einzelne Schüler mit manchmal äußerst unangenehmen Erlebnissen verbunden. Oft bleibt jemand als letzter übrig, weil keiner mit ihm zusammenarbeiten mag. Andere wollen nur mit ihrem besten Freund zusammensein – auch während Gruppenarbeitsphasen im Unterricht.

In diesem Kapitel finden Sie einige Spiele und Übungen, um die Teambildung dem Zufall zu überlassen. Wir sind der Meinung, daß es im Unterrichtsalltag ein wichtiger Lernprozeß sein kann, für eine begrenzte Zeit auch mit Menschen zusammen zu arbeiten, mit denen man nicht befreundet ist oder die man weniger mag. Dies mag im Idealfall dazu führen, daß Schüler neue Seiten aneinander entdecken.

Horch' mal

Bewegung ermöglichen	✓	viele Schüler einbeziehen	✓
niemanden ungewollt exponieren	✓	Kommunikation ermöglichen	

Ein Spiel zum Bilden von Teams mit Hilfe von Filmdosen. Gleichzeitig schult es die Wahrnehmung von verschiedenen, aber ähnlichen Geräuschen.

Durchführung

Sie füllen undurchsichtige Filmdosen mit verschiedenen Gegenständen. Jeder Gegenstand soll jeweils in zwei verschiedenen Filmdosen enthalten sein. Beim Schütteln der gefüllten Dosen entstehen nun je nach Inhalt unterschiedliche Geräusche.

Die Schüler nehmen sich ganz vorsichtig, ohne vorher bereits Geräusche zu erzeugen, ihre Dose z. B. von einem Tablett. Wenn alle Schüler ihre Dose in der Hand halten, dürfen sie sie schütteln. Dann gehen sie durch den Raum. Durch Vergleichen des Klanges können sie ihren Partner mit dem identischen Geräusch finden.

Anmerkungen

Als Geräuschemacher eignet sich fast alles: Vom Wasser über Zucker, Reis, Sand bis hin zur Reißzwecke. Achten Sie bitte darauf, daß sich die Geräusche nicht zu sehr ähneln. Bei der Übung sollten die Schüler nicht reden, sondern sich auf die erzeugten Geräusche konzentrieren.

Schreiben Sie, wenn Sie einen Pool von Filmdosen haben, unter die Dosenpaare entsprechende Nummern. Das erleichtert das Auswählen der Dosen für die Übung.

Variationen und Transfer

Dieses Spielprinzip läßt sich leicht in ein Geräusche-Memory oder Geruchs-Memory übertragen und kann von Schülern gestaltet werden.

Teams bilden mit Bällen

Bewegung ermöglichen	✓	viele Schüler einbeziehen	✓
niemanden ungewollt exponieren	✓	Kommunikation ermöglichen	

Durchführung

In einem Beutel befinden sich verschiedenfarbige Bälle entsprechend der Schülerzahl. Wenn Sie z. B. drei Gruppen bilden wollen, so legen Sie Bälle in drei verschiedenen Farben hinein. Nacheinander ziehen die Schüler blind je einen Ball aus dem Beutel. Die Personen mit gleichfarbigen Bällen bilden ein Team.

Anmerkungen

Gut geeignet sind verschiedenfarbige Jonglierbälle (es gibt sie in Spielwarengeschäften zu kaufen) oder auch Igelbälle. Diese haben den Vorteil, daß sie gut für Entspannungsübungen verwendet werden können. Um Geld zu sparen, lassen sich natürlich auch leicht alte Tennis- oder Tischtennisbälle farbig markieren.

Text-Puzzle

Bewegung ermöglichen	✓	viele Schüler einbeziehen	✓
niemanden ungewollt exponieren	✓	Kommunikation ermöglichen	✓

Durchführung

Die Schüler bekommen je einen Zettel, auf dem nur die eine Hälfte der gesuchten Information zu finden ist. Die Schüler sollen nun im Raum umhergehen und durch Vergleichen der Textzettel die fehlende andere Hälfte und damit ihren Partner finden.

Beispiele aus der Praxis:

- Zitatteile und deren Ergänzung
  Fair ist foul and foul is fair – hover though the fog and filthy air
- Textstellen und Autor
  Ein Teil von jener Kraft, die stets das Böse will und stets das Gute schafft – Mephistopheles
  Mir läuft ein Schauer übern ganzen Leib. Bin doch ein töricht furchtsam Weib – Gretchen
- Fotos/Zeichnungen mit assioziativ gleicher oder ähnlicher Bedeutung
- Zerschnittene Fotos.

Anmerkungen

Wenn Sie sich die Mühe machen, die zerteilten Texte mit einem Textverarbeitungsprogramm zu bearbeiten, schreiben Sie sie in Großbuchstaben ohne

Kommata, um so den Inhalt und nicht die Form (z. B. Scherenschnitt, Satzbeginn, Satzende etc.) in den Vordergrund zu rücken.

Je nach Gruppenstärke, die erreicht werden soll, können Sie auch Text-Puzzles für 3er- und 4er- oder noch größere Gruppen anfertigen.

Variationen und Transfer

Die Partnerfindungsübung läßt sich gut in den jeweiligen unterrichtlichen Kontext einbinden. Wenn Sie mit Textpassagen zu einem Thema arbeiten, dann können diese, nachdem sich die Paare gefunden haben, von ihnen diskutiert und kommentiert werden und anschließend ins Plenum gebracht werden.

Zum Wiederholen können Sie z. B. Mathematikaufgaben vorbereiten. Dazu schreiben Sie verschiedene Aufgaben und dazugehörige Lösungen auf unterschiedliche Zettel. Die Schüler müssen nun passend zu Aufgabe und Lösung paarweise zusammen gehen.

Wer hängt noch am Seil?

Bewegung ermöglichen	✓	viele Schüler einbeziehen	✓
niemanden ungewollt exponieren	✓	Kommunikation ermöglichen	

Durchführung

Sie haben mehrere ca. 1 – 1,5 m lange Seile oder starke Bindfäden in der Hand. Die Anzahl der Seile beträgt die Hälfte der Gruppe (20 Schüler = 10 Seile). Sie halten die Seile in der Seilmitte fest, so daß jeweils beide Seilenden frei sind. Jedes Gruppenmitglied nimmt nun ein Seilende und hält es fest. Die Schüler sollen es während der Übung auch nicht mehr loslassen oder von der einen zur anderen Hand wechseln. Dann lassen Sie alle Seile los und überlassen es der Gruppe, den entstandenen Knoten durch Über- und Untereinandersteigen zu lösen, so daß am Ende die zusammengehörigen Seilpartner paarweise, von den anderen Schülern entwirrt, im Raum stehen.

Anmerkungen

Auch hier lassen sich andere Gruppenstärken finden, z. B. indem Sie vor Spielbeginn zwei Seile miteinander verknoten, so daß 4er-Gruppen entstehen.

Wer zieht gleich?

Bewegung ermöglichen	✓	viele Schüler einbeziehen	✓
niemanden ungewollt exponieren	✓	Kommunikation ermöglichen	

Durchführung

Sie haben Nähgarn in unterschiedlichen Farben und Längen zerschnitten. Jeder Teilnehmer nimmt sich ein Stück. Dann sollen die Schüler umhergehen und so lange vergleichen, bis jeder seinen Partner gefunden hat.

Anmerkungen

Natürlich ist es sehr einfach, durch vorheriges Aufteilen des Nähgarns die Gruppen in allen möglichen Personenstärken zu bilden.

2.4.3 Themen erschließen und diskutieren

Bei neuen Themen herrschen bei vielen Schülern oft nur diffuse Vorstellungen über die Inhalte. Mit verschiedenen Methoden lassen sich das vorhandene Vorwissen nutzen und die Einstellungen und Wertungen klären. Man kann so zu einem verbesserten Einstieg in neue Unterrichtsabschnitte gelangen.

Ähnlich wie beim Klären von Erfahrungen ist es in bestimmten Phasen notwendig, auf der sachlich-inhaltlichen Ebene das Pro und Kontra zu einem Thema auszutauschen. Zur Auseinandersetzung mit einem Thema finden Sie u. a. assoziative Methoden und Übungen, die möglichst viele Schüler am Geschehen beteiligen und individuelle Lernwege ermöglichen sollen. Breit gefächerte Diskussionen und ein angeregter Austausch sollen so gefördert werden.

In diesem Abschnitt wollen wir Sie auch mit grundsätzlichen ganzheitlich orientierten Lerntechniken vertraut machen, die den Schülern ermöglichen sollen, andere und vielleicht zuerst ungewohnte Zugangswege und Lernstrategien zu erfahren.

Bilder malen

Bewegung ermöglichen		viele Schüler einbeziehen	✓
niemanden ungewollt exponieren		Kommunikation ermöglichen	✓

Mit dieser Methode können Sie mit Hilfe nonverbaler Ausdrucksformen in neue Themen einsteigen.

Durchführung

Stellen Sie große Malbögen und Wachsmalstifte o. ä. zur Verfügung. Es bilden sich Kleingruppen. Jede Gruppe soll nun gemeinsam ein Bild zum vorgegebenen Thema malen. Anschließend werden die Bilder im Plenum vorgestellt.

Anmerkungen

Beachten Sie bitte, daß Malen von manchen Schülern als »Kinderkram« abgewertet wird und daher vielleicht auf Widerstand stößt. Diese Methode erfordert relativ viel Zeit, daher sollte sie nur bei längeren zusammenhängenden Arbeitsphasen angewendet werden.

Notieren Sie bei der Präsentation wichtige Erläuterungen zu den Bildern, vielleicht sind sie hilfreich bei der weiteren Bearbeitung des Themas.

Variationen und Transfer

Auch zur Auswertung läßt sich dieses Verfahren anwenden. Dann schlagen wir Einzelarbeit vor, da es sich immer um persönliche Bewertungen von Unterricht oder von Seminaren handelt. Als Vorbereitung auf die zeichnerische Auswertung ist gut eine themengebundene Phantasiereise möglich, die den Teilnehmern wichtige Aspekte der Arbeit in Erinnerung ruft.

Brainstorming

Bewegung ermöglichen		viele Schüler einbeziehen	✓
niemanden ungewollt exponieren		Kommunikation ermöglichen	✓

Mit dieser Methode können innerhalb kurzer Zeit sehr viele Ideen zu einem Thema produziert werden.

Durchführung

Das Thema wird mit der Gruppe abgesprochen und möglichst an der Tafel oder auf Wandzeitung visualisiert. Außerdem sollten die Regeln des Brainstormings für alle sichtbar niedergeschrieben sein:

- Die Ideen werden zugerufen und vom Lehrer an die Tafel geschrieben.
- Die Schüler können ihrer Phantasie freien Lauf lassen.
- Die Ideen werden von anderen Gruppenmitgliedern nicht bewertet.
- Die Ideen können aufgegriffen und weiterentwickelt werden.

Anmerkungen

Führen Sie das Brainstorming bei großen Gruppen nicht im Plenum durch. Lassen Sie dann lieber Kleingruppen bilden. Gut bewährt haben sich Gruppengrößen von 5 – 7 Mitgliedern.

Variationen und Transfer

Auch zum Planen von Vorhaben hat sich diese Methode bewährt. Mehr Bewegung erhalten Sie, wenn jedes Mitglied seine Ideen auf Karteikarten schreibt und die Karten anschließend an eine Stellwand heftet. Pro Karte soll nur eine Idee notiert werden, Filzschreiber wegen der Lesbarkeit verwendet sowie nur Stichworte geschrieben werden. Diese Variante hat außerdem den Vorteil, daß Sie hinterher sehr flexibel mit den Karten umgehen und z. B. Karten mit ähnlichen Ideen zu sogenannten Klumpen (»Cluster«) zusammenfassen können (siehe Kartenabfrage »Klassenfahrt«).

Fotoassoziationen*

Bewegung ermöglichen	✓	viele Schüler einbeziehen	✓
niemanden ungewollt exponieren	✓	Kommunikation ermöglichen	✓

Mit Fotoassoziationen kommen Sie rasch zu einer oft breitgefächerten Erschließung eines Themas. Die Bilder können Schwerpunkte für die weitere Arbeit setzen.

Durchführung

Auf dem Boden oder auf dem Tisch verteilt liegen vorbereitete Bilder aus einer Fotosammlung, die zu einem gestellten Thema passen. Die Schüler gehen umher und wählen aus, welches Bild am ehesten oder am wenigsten ihre persönliche Einstellung zum gestellten Thema repräsentiert. Beispiele: Welches dieser Bilder repräsentiert am ehesten/wenigsten meine Einstellung zum Thema »gesund sein/krank sein«, »Demokratie«, »Sucht und Genuß«?

Anschließend wird ein Stuhlkreis gebildet und jeder Teilnehmer hat nun die Gelegenheit, seine Bilder vorzustellen und die Auswahlkriterien oder Gefühle bei der Auswahl zu erläutern.

Anmerkungen

Es ist leichter als vermutet, Bildmaterial aus Zeitungen und Zeitschriften vorzuhalten.

---

* in Anlehnung an U. Baer: 666 Spiele.

Überwinden Sie die eigene »Schere im Kopf« und nehmen Sie auch Bilder mit auf, die nur vage Assoziationen zum Thema erlauben. Die Erfahrung zeigt, daß das kreative Potential der Schüler sehr groß ist.

Variationen und Transfer

Alternativ dazu kann man von den Schülern auch Collagen aus Bildern, Zeichnungen und Schriften erstellen lassen. Es können auch Geschichten zu den Bildern geschrieben werden.

Dazu ein Beispiel:

Im Geschichtsunterricht über das Römische Reich werden Bilder zu der Epoche ausgelegt. Die Schüler können zu einem Bild eine Geschichte schreiben, die dann vorgelesen oder ausgehängt werden. Alternativ können die Bilder ausgehängt und die dann vorgelesenen Geschichten zugeordnet werden.

Auch zum Auswerten von Unterrichtssequenzen oder Projekten eignen sich Fotoassoziationen. In diesem Fall sucht sich jeder Schüler z. B. 2 Fotos aus, die er positiv oder negativ mit dem Projekt verbindet.

Konzentrische Kreise

Bewegung ermöglichen	✓	viele Schüler einbeziehen	✓
niemanden ungewollt exponieren	✓	Kommunikation ermöglichen	✓

Durchführung

Die Gruppe wird halbiert. Alle Schüler bilden einen Außen- und einen Innenkreis in der Form, daß sie sich gegenüberstehen bzw. gegenübersitzen und etwas Abstand zum Nachbarn haben. Bei einer ungeraden Gruppe kann es einen sogenannten Pausenstuhl oder eine 3er- Gruppe geben.

Die Paare bekommen nun einen ersten Arbeitsauftrag. Nach Beendigung dieses Auftrages drehen sich die Kreise auf ein Signal des Spielleiters entgegengesetzt, und die neuen Paare bearbeiten je nach Themenstellung die zweite Aufgabe oder nochmals dieselbe Aufgabe usw.

Beispiele aus der Unterrichtspraxis:

- Lest den Text gegenseitig vor – (Schüler wechseln den Platz) – beantwortet Fragen 1 – 3 zum Text – (Wechsel) – beantwortet Fragen 4–6 zum Text – (Wechsel) – Faßt den Text in einem Satz zusammen.
- Diskutiert Frage 1 zum Thema »xyz« und faßt das Ergebnis zusammen – (Wechsel) – desgleichen Frage 2, 3 etc.
- Lest Euch abwechselnd die Vokabeln der Lektion vor und korrigiert die Aussprache – (Wechsel) – spielt Euch pantomimisch die ersten 15 Vokabeln vor – (Wechsel) – lest den ersten Abschnitt der Lektion und übersetzt ihn – (Wechsel) – lest den zweiten Abschnitt – etc.

Anmerkung

Die Methode bezieht alle Schüler ein. Es wird erfahrungsgemäß nach einer gewissen Anlaufzeit sehr lebhaft diskutiert. Diese Geräuschkulisse und der geschützte Rahmen von Paargesprächen ermöglicht auch sonst eher ruhigen Schülern, sich aktiv einzubringen.

Die Arbeitsergebnisse sollten dokumentiert werden. Hierbei ist es hilfreich. die Dokumentation zu steuern, indem Sie vorher gemeinsam festlegen, wie dokumentiert werden soll (Stichworte, Sätze, ...), wer dokumentiert (Teil-

nehmer im Außen- oder Innenkreis oder beide), was dokumentiert werden soll (Prozeß, Ergebnis, ...). Bei Aufgabenstellungen, die persönliche Einstellungen, Meinungen oder Verhalten zum Thema haben (z.B. »Sollte Haschisch in Apotheken frei verkauft werden?«), kann es sehr interessant sein, nur den Partner, nicht aber die Aufgabe zu wechseln. Dadurch erhöht sich die Meinungsvielfalt. Etwas mehr Bewegung für alle Schüler gibt es, wenn sich beide Kreise gleichzeitig entgegengesetzt drehen.

Variationen und Transfer

Diese Organisationsform ist auf allen Lernstufen und in allen Fächern vorstellbar. Die Fragestellung kann auch unabhängig vom Unterrichtsgeschehen sein und persönliche Aspekte in den Vordergrund stellen, z. B. Feedback über ein gemeinsames Projekt. Die Übung läßt sich ebenfalls sehr gut in Planungsphasen, z. B. Klärung der Aktivitäten und des Ablaufs der nächsten Klassenfahrt, einsetzen.

Laufdiktat/Stationenlernen

Bewegung ermöglichen	✓	viele Schüler einbeziehen	✓
niemanden ungewollt exponieren	✓	Kommunikation ermöglichen	

Das Prinzip des Laufdiktates/Stationenlernens stammt aus der Primarstufenpädagogik. Ihm liegt zugrunde, daß sich die Kinder, insbesondere diejenigen mit Lese- und Rechtschreibschwächen nicht von vornherein ein ganzes Wort merken müssen. Sie sollen sich, je nach individuellen Merkfähigkeiten, Sätze, Phrasen, Wörter, Silben oder Buchstaben merken. Sie benötigen dazu zwar mehr Zeit, jedoch kommen sie erfolgreicher als im Konkurrenzdruck des herkömmlichen Unterrichtsgeschehens zu demselben Ergebnis wie ihre Mitschüler. Die Steigerung der individuellen Merkfähigkeit, die Selbstbestimmung dieses Lernprozesses sowie die Verknüpfung mit Bewegung im Unterricht lassen das Laufdiktat/Stationenlernen mit seinen vielfältigen Variationsmöglichkeiten zu einer Bereicherung des Unterrichts werden.

Durchführung

Sie bereiten DIN-A4-Zettel mit Informationen oder Aufgaben zu einem Sachgebiet vor. Dann verteilen Sie sie im Klassenraum an den Wänden, auf den Tischen oder auf dem Boden. Die Schüler haben die Aufgabe, jeweils zu einem Zettel zu gehen, sich die Information zu merken, zu ergänzen, die Frage zu beantworten usw., sich zurück zum Platz zu begeben und die Information dort niederzuschreiben. Sie sollen dies möglichst still tun. Jeder arbeitet für sich allein und in seiner individuellen Geschwindigkeit. Geschrieben

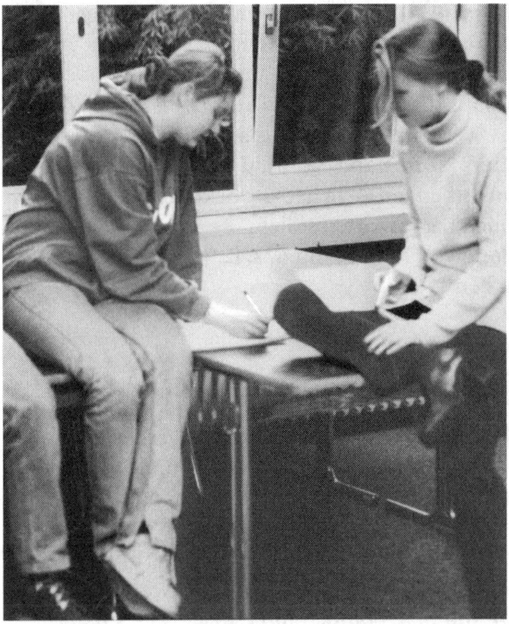

wird ausschließlich am eigenen Platz und nicht dort, wo die Zettel hängen.

Beispiele aus der Praxis

- Ein Satz, z. B. die Definition eines Enzyms, wird in drei Teile »zerstückelt« und soll zusammengesetzt und niedergeschrieben werden
- Eigenschaften werden ihren Begriffen zugeordnet, z. B. die Eigenschaften von Vitamin A.
- Eine komplette Mathematikaufgabe (Funktionsgleichung) hängt »zerstückelt« an der Wand und soll richtig zusammengesetzt werden.
- Ein kleines Gedicht wie das folgende hängt in mehreren Ausfertigungen oder in Bruchstücken (schwieriger) an der Wand und soll ergänzt werden:

Die kleine Hex'
Morgens früh um ???
kommt die kleine ???
Morgens früh um ???
schält sie gelbe ???
Morgens früh um ???
wird Kaffee ???
Morgens früh um ???
geht sie in die ???
Morgens früh um???

holt sie Holz und ???
Feuert an um ???
kocht dann bis um ???
Fröschebein und ??? und ???
Hurtig, Kinder, kommt zu ???!

Ergänzt werden sollen die Begriffe: sechs-Hex'-sieben-Rüben-acht-gemacht-neun-Scheun'-zehn-Spän'-elf-zwölf-Krebs-Fisch-Tisch.

- Diverse Sätze zum Grammatikthema »Adjektiv/Adverb« sind auf Zetteln verteilt und sollen ergänzt werden, z. B. »Peter is a ... driver.« (careful)
- Unterschiedliche Texte zum Nordirland-Konflikt hängen an der Wand. Die Schüler haben Fragen auf einem Arbeitsblatt bekommen, die sie mit Hilfe der Textinformationen beantworten sollen.
- Aufgaben zur Wiederholung von Lerninhalten, z. B. »Der politische Arm der IRA heißt ...?« (Sinn Fein)

Anmerkungen

Das Prinzip und der Zweck sollte den Schülern erläutert werden. Drängen Sie auf die Einhaltung der Regeln (am Platz schreiben und schweigen). Die Informationen sollten zwar gut lesbar, jedoch nicht vom Platz aus lesbar sein. Wir haben gute Erfahrungen damit gemacht, ab und zu daraus einen Wettbewerb zu machen. Einzelpersonen oder Kleingruppen sollen möglichst rasch die Aufgabe vollständig und richtig bewältigen. Diese Wettbewerbsform kann man durchaus binnendifferenziert gestalten.

Lobby-Diskussion

Bewegung ermöglichen		viele Schüler einbeziehen	✓
niemanden ungewollt exponieren	✓	Kommunikation ermöglichen	✓

Ziel dieser Übung ist es, Argumente anderer Personen wahr- und anzunehmen, nach Kompromissen zu suchen und gleichzeitig die eigene Meinung gegenüber anderen zu vertreten.

Durchführung

Diese Methode kann man anwenden, nachdem z. B. in Kleingruppen ein Thema diskutiert und dort jeweils ein Konsens erzielt wurde. Jede Gruppe wählt einen Sprecher oder Lobbyisten, der sich zusammen mit den anderen Sprechern in einen inneren Stuhlkreis setzt, in dem ein Platz frei bleibt. Die jeweiligen Gruppenmitglieder setzen sich hinter ihren Sprecher. Die Sprecher bemühen sich nun einerseits, zu einem Konsens zu gelangen und gleichzeitig das Kleingruppenergebnis gegenüber den anderen zur Diskussion zu stellen und nötigenfalls argumentativ zu verteidigen.

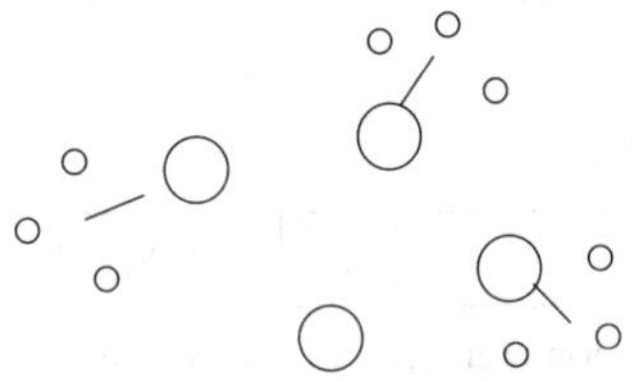

Wenn die Gruppenmitglieder ihren Sprecher unterstützen wollen, so können sie sich auf den freien Stuhl im Innenkreis setzen und für begrenzte Zeit aktiv am Gespräch teilnehmen. Danach gehen sie wieder in den Außenkreis zurück.

Marktstände

Bewegung ermöglichen	✓	viele Schüler einbeziehen	✓
niemanden ungewollt exponieren	✓	Kommunikation ermöglichen	✓

Mit dieser Methode finden Sie einen teilnehmerzentrierten Einstieg in ein neues Arbeitsvorhaben.

Durchführung

Zu einem neuen Themengebiet möchten Sie eine längere Gruppenarbeit einplanen. Bereiten Sie zu möglichen Teilthemen an verschiedenen Stellen im Klassenraum Marktstände vor. Dabei handelt es sich um Tische, an denen Sie zu den Themen einige Informationen und Materialien auslegen.

Die Schüler haben dann Gelegenheit, im Raum umherzugehen und sich an den verschiedenen Marktständen zu informieren. Anschließend sollen sie sich für ein Thema entscheiden.

Anmerkungen

Bei diesem Verfahren der themenorientierten Gruppenbildung kann es zu personenbedingten Gruppenbildungen kommen, weil einige Schüler eben am liebsten mit ihren Freunden zusammenarbeiten machen. Beschränken Sie die maximale Gruppengröße auf 5 – 7 Personen oder bilden Sie Parallelgruppen.

Mein Standpunkt

Bewegung ermöglichen	✓	viele Schüler einbeziehen	✓
niemanden ungewollt exponieren		Kommunikation ermöglichen	✓

Durchführung

Der Klassenraum wird der Länge nach durch ein Band, einen Kreppstreifen oder einen Kreidestrich auf dem Boden in zwei Hälften geteilt. Die Schüler stehen nun alle hintereinander auf dem Mittelstreifen. Zu einem vorgegebenen Thema werden vorformulierte Aussagen verlesen. Die Schüler sollen nun, im wahrsten Sinne des Wortes, zu der Aussage Stellung beziehen. Dabei symbolisiert der Mittelstreifen eine neutrale Haltung. Die beiden Raumwände parallel zum Mittelstreifen symbolisieren totale Zustimmung bzw. totale Ablehnung. Je weiter man sich vom Mittelstreifen zu den Raumwänden entfernt, desto stärker wird dadurch die Zustimmung oder Ablehnung deutlich. Die folgende Abbildung zeigt eine mögliche Verteilung der Schüler zu einer Aussage.

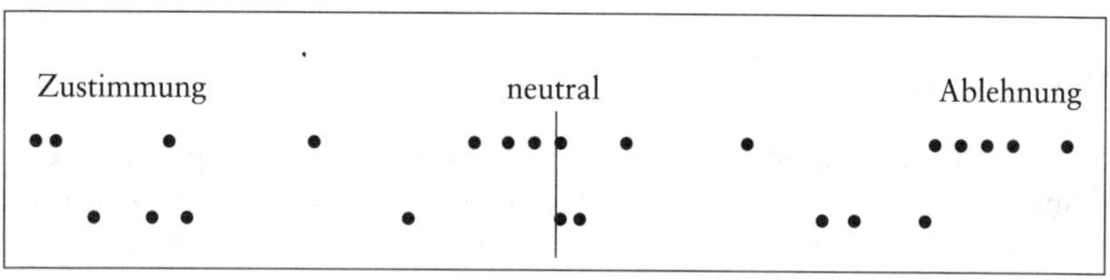

Nachdem alle Schüler Stellung bezogen haben, ist es möglich, die Motive für diesen bezogenen Standpunkt zu erfragen und untereinander Argumente pro und kontra austauschen zu lassen.

Beispielhaft sind einige Aussagen zum Thema »Sucht« zusammengestellt:

- Drogen gehören zum Alltag von Jugendlichen in unserem Alter.
- Alkohol ist schlimmer als Haschisch.
- Alkohol macht abhängig.

- Haschisch macht abhängig.
- Ich finde es in Ordnung, vor Klassenarbeiten Medikamente zu einzunehmen, wenn dadurch die Leistungsfähigkeit verbessert wird.
- Ein Lehrer, der raucht, dies aber den Schülern verbietet, macht sich unglaubwürdig.
- Sich berauschen zu können, ist ein Stück Lebensqualität.
- Wenn Menschen Alkohol trinken, weil sie ein Problem haben, sind sie suchtgefährdet.

Anmerkungen

Die Aussagen sollten prägnant und durchaus auch provokativ sein, um Diskussionsprozesse zu initiieren. Beziehen Sie die Schüler aktiv mit ein, indem Sie sie auffordern, auch eigene Aussagen zu formulieren.

Die Übung macht sehr gut die Einstellungen und das Wissen der Schüler deutlich. Das für alle sichtbare Einnehmen des Standpunktes regt sehr die Diskussion an. Es besteht allerdings die Gefahr von gruppenkonformem Verhalten. Wenn alle Gruppenmitglieder deutlich eine Aussage ablehnen, so gehört eine gewisse Portion Selbstbewußtsein dazu, eventuell ganz allein einen klaren Gegenstandpunkt einzunehmen. Auf der anderen Seite macht diese Übung Mut, wirklich den eigenen Standpunkt zu beziehen und sich mit Argumenten und Gegenargumenten auseinanderzusetzen.

Variationen und Transfer

Auch zum Wiederholen von Lerninhalten eignet sich die Methode. In diesem Fall trennt der Mittelstreifen nur die Bereiche »Richtig« und »Falsch« voneinander, es gibt also keine Abstufungen. Die Schüler haben nun die Aufgabe, sich nach Nennung der Aussage für »Richtig« oder »Falsch« zu entscheiden und die entsprechende Position einzunehmen. Beispiele:

- Mathematik: Rechenaufgaben stellen, z. B. 15 × 15 = 195?
- Fremdsprachen: Figuren aus der Literatur beschreiben, z. B. Macbeth is an ambitous character?
- Geschichte: Ein Auslöser des 30jährigen Krieges war der »Wiener Fenstersturz«?

Namenraten »Wer bin ich?«

Bewegung ermöglichen	✓	viele Schüler einbeziehen	✓
niemanden ungewollt exponieren	✓	Kommunikation ermöglichen	✓

Durchführung

Jeder Schüler bekommt vom Spielleiter ein Namensschild (Klebe-Etiketten) auf den Rücken geklebt. Damit schlüpfen die Schüler in eine neue Rolle und gehen im Raum umher. In Paargesprächen sollen sie herausfinden, welche Person sie verkorpern. Dazu können sie ihrem Gesprächspartner Fragen zur eigenen Identität stellen. Folgende Gesprächsregeln sollten dabei beachtet werden:

- Es sind nur Fragen zugelassen, die mit »Ja« oder »Nein« beantwortet werden können.
- Nach max. 3 Fragen trennen sich die Partner wieder, und neue Paarungen werden gebildet.

Variationen und Transfer

Das Spiel eignet sich zum Erschließen von Themen. In diesem Fall können Personen des neuen Themengebietes zum Raten verwendet werden. Beispielhaft sind Personen aufgeführt, die wir zum Thema »Gesundheit« verwendet haben:

- Hippokrates, Pfarrer Kneipp, der Papst, Turnvater Jahn, Obelix, Konrad Röntgen, die kranke Großmutter (aus Rotkäppchen), Sigmund Freud, Dr. Eisenbart, die Raupe Nimmersatt, Mutter Teresa, Hildegard von Bingen, A. Schwarzenegger, Louis Trenker, der eingebildete Kranke (Moliere), Suppenkasper, Jesus, Jane Fonda, Mildred Scheel.
- Im Mathematikunterricht kann man z. B. Funktionsgraphen mit dieser Methode erarbeiten. Dazu erhalten die Schüler den Graphen auf den Rücken geklebt. Mögliche Fragen: Ist er linear? – Hat er Nullstellen? – Ist er nach oben oder unten gekrümmt? – Hat er relative Extreme? – Gibt es Wendepunkte? – Gibt es eine Asymptote?

Die Übung eignet sich auch zum Wiederholen von Lerninhalten. Im Fremdsprachen- oder Literaturunterricht können z. B. Charaktere eines Theaterstückes oder Romans, im Geschichtsunterricht Personen der Zeitgeschichte erraten werden. Durch das Fragen und Rückschließen auf die zu erratende Person erfolgt ein Wiederholen und Festigen der Lerninhalte. Auch in anderen Unterrichtsfächern kann das Spiel angewendet werden. In Biologie können z. B. die verschiedenen Blutbestandteile oder Verdauungsenzyme erraten werden.

Piktogramme

Bewegung ermöglichen		viele Schüler einbeziehen	✓
niemanden ungewollt exponieren	✓	Kommunikation ermöglichen	✓

Symbole wie dieses zeigen klar und einfach den intendierten Sachverhalt auf: Hier darf nicht geraucht werden. Die Information ist auf das Wesentliche reduziert. Genau diese Reduktion auf das Wesentliche soll bei der Methode des Piktogrammisierens erreicht werden. Die Schüler, wenn sie einen Sach- oder fiktionalen Text wiedergeben sollen, tun dies mit ihren individuellen zeichnerischen Fähigkeiten und manchmal auch mit unterschiedlicher Schwerpunktsetzung. Die Auseinandersetzung während des Prozesses einer Piktogrammreihe ist differenziert, klammert bewußt Dinge aus und hebt bewußt andere hervor. Die entstandenen Bilder im Kopf und auf dem Papier bleiben als Produkt der kreativen Auseinandersetzung nachhaltig in der Erinnerung. Es setzt beim Betrachten die Assoziationsketten frei, die bei der Entstehung des Bildes als reduziertes Produkt entstanden sind. Diese Informationen lassen sich auch leichter als abstrakte Begriffe vor dem geistigen Auge abrufen. Sie können als ergänzende Unterrichtsmitschrift oder als Protokoll dienen, und es lohnt die Mühe, dies frühzeitig zu üben.

Durchführung

Die Schüler lesen einen Text. Danach fertigen sie mit ihren individuellen Stilmitteln eine Piktogrammreihe (Comic) an, mit dessen Hilfe sie anschließend einem Partner den Text wiedergeben können.

Versuchen Sie es doch selbst einmal. Lesen Sie sich die kurze Geschichte durch, nehmen Sie sich dann ein Blatt Papier und fertigen Sie Ihren persönlichen Charité-Comic an. Viel Spaß!

Charité-Vorfall

Der von einem Kutscher kürzlich überfahrene Mann, namens Beyer, hat bereits dreimal in seinem Leben ein ähnliches Schicksal gehabt; dergestalt, daß bei der Untersuchung, die der Geheimrat Herr K. in der Charité mit ihm vornahm, die lächerlichsten Mißverständnisse vorfielen. Der Geheimrat, der zuvörderst seine beiden Beine, welche krumm und schief waren, bemerkte, fragte ihn, ob er an diesen Gliedern verletzt wäre. Worauf der Mann jedoch erwiderte: nein! Die Beine wären ihm schon vor fünf Jahren durch einen anderen Doktor abgefahren worden. Hierauf bemerkte ein Arzt, der dem Geheimrat zur Seite stand, daß sein linkes Auge geplatzt war. Als man ihn jedoch fragte, ob ihn das Rad hier getroffen hätte, antwortete er nein! Das Auge hätte ihm ein Doktor bereits vor vierzehn Jahren ausgefahren. Endlich, zum Erstaunen aller Anwesenden fand sich, daß ihm die linke Rippenhälfte in jämmerlicher Verstümmelung ganz auf den Rücken gedreht war. Als aber der Geheimrat ihn fragte, ob ihn des Doktors Wagen hier beschädigt hätte, antwortete er: nein! Die Rippen wären ihm schon vor sieben Jahren durch einen Doktorwagen zusammengefahren worden. – Bis sich endlich zeigte, daß ihm durch die letztere Überfahrt der linke Ohrknorpel in das Gehörorgan hineingefahren war. – Der Berichterstatter hat den Mann selbst über den Vorfall vernommen, und selbst die Todkranken, die in dem Saale herumlagen, mußten über die spaßhafte und indolente Weise, wie er dies hervorbrachte, lachen. – Übrigens bessert er sich; und falls er sich vor den Doktoren, wenn er auf der Straße geht, in acht nimmt, kann er noch lange leben.

(Heinrich v. Kleist)

Anmerkungen

Wenn Sie oder Ihre Schüler Spaß an dieser kleinen Übung hatten, so können Sie diese Technik regelmäßig einsetzen und z. B. als Vorlage für eine Klassenarbeit zulassen. Den Schülern sollten jedoch auch gleichzeitig die lernpsychologischen Aspekte erläutert werden. Es geht darum, sich ein Bild von einem Sachverhalt oder einem komplexen Zusammenhang zu machen. Die bildhafte Vorstellung, die der Zeichnung vorausgeht, verankert durch ihre assoziative Wirkung den Inhalt, läßt ihn plastisch werden und kann aufgrund dieser komplexen Einbettung ins Gedächtnis leicht wieder abgerufen werden.

Variationen und Transfer

Überall dort, wo Zusammenhänge und Prozesse thematisiert werden, ist diese Methode einsetzbar. Beispiele aus der Praxis:

Verdauung (Biologie) / Elektrizität, Wege des Stroms, Stromkreis etc. (Physik) / Holzverbindungen (Holztechnik) / Wie stehen Figuren in einem Roman emotional zueinander? (Deutsch).

Schneelawine

Bewegung ermöglichen	✓	viele Schüler einbeziehen	✓
niemanden ungewollt exponieren	✓	Kommunikation ermöglichen	✓

Mit dieser Übung haben die Schüler Gelegenheit, verschiedene Meinungen zu einem Thema kennenzulernen und anzunehmen, Argumente auszutauschen und letztendlich die Meinungsvielfalt zu reduzieren.

Durchführung

Das Thema ist an der Tafel notiert, z. B. »Zu einer Schule zum Wohlfühlen gehört ...«. In einem ersten Schritt setzen sich alle Mitglieder individuell damit auseinander (Was ist mir persönlich wichtig?), dabei sollen sie die für sie 3 wesentlichen Aspekte notieren. Anschließend bilden sie Paare und tauschen ihre Gedanken miteinander aus, dabei sollen sie sich auf maximal 3 Aspekte einigen, d. h. 3 Aspekte müssen verworfen werden. Im nächsten Schritt bilden je zwei Paare eine Vierergruppe, wiederum mit dem gleichen Auftrag. Anschließend werden die Ergebnisse im Plenum vorgestellt und diskutiert.

Schreibgespräch

Bewegung ermöglichen	✓	viele Schüler einbeziehen	✓
niemanden ungewollt exponieren	✓	Kommunikation ermöglichen	✓

Diese Übung ermöglicht eine intensive Diskussion unter den Schülern – aber ohne dabei zu sprechen.

Durchführung

Auf Tischen liegen große Plakate oder Wandzeitungspapiere sowie Filzschreiber aus. In der Mitte des Plakates steht eine Frage oder eine Aussage, wozu die Meinungen der Schüler erbeten werden. Nun bilden sich Kleingruppen. Innerhalb der Gruppe gehen die Mitglieder um das Plakat herum und schreiben ihre Meinung nieder. Die anderen Gruppenmitglieder können und sollen, wie in einem mündlichen Gespräch, die Beiträge kommentieren und ergänzen. Mit der Zeit entwickelt sich eine lebhafte schweigende Diskussion. Im Anschluß können die Plakate im Plenum vorgestellt und besprochen werden.

Anmerkungen

Diese Methode ermöglicht gerade zurückhaltenden Schülern, sich und ihre Meinungen in die Diskussion einzubringen. Von großer Bedeutung ist die Formulierung der Fragen oder Aussagen: je provokanter sie sind, desto größer ist der Reiz zu Kommentaren.

Sie können die Methode auch im Plenum durchführen. Notieren Sie dazu auf jedem Plakat eine andere Aussage. Die Schüler haben nun Gelegenheit, zwischen allen Plakaten hin- und her zu wechseln.

Variationen und Transfer

Das Schreibgespräch kann auch zum Auswerten eines Unterrichtsabschnittes oder einer Klassenfahrt eingesetzt werden. Dann stehen auf den Plakaten Fragen zur Auswertung.

Texthandeln

Bewegung ermöglichen	✓	viele Schüler einbeziehen	✓
niemanden ungewollt exponieren	✓	Kommunikation ermöglichen	✓

Bei der Piktogrammethode haben wir die Bilder im Kopf mit Hilfe von Strichmännchen, Symbolen oder Zeichnungen zu Papier gebracht. Wir wollen Sie und Ihre Schüler dazu ermutigen, jetzt Inhalte als Pantomime, als Standbild, als kleine Spielszene mit und ohne Worte darzustellen. Insbesondere, wenn es um mehr als das Erlernen von Begriffen und Sachinformationen geht, nämlich wenn Zusammenhänge, Ursache-Wirkung-Beziehungen und Prozesse aufgezeigt und nachhaltig behalten werden sollen, ist die Technik des Texthandelns, das Entstehen eines realen Bildes von hoher assoziativer und vor allen Dingen motivierender Bedeutung.

Durchführung

Es bilden sich Kleingruppen. Diese erhalten einen Text und sollen ihn erarbeiten und die wesentlichen Inhalte im Plenum präsentieren. Die Gruppen müssen dazu den Text daraufhin prüfen, welche der Informationen und Zusammenhänge sich herauskristallisieren und dann eine Präsentation erarbeiten. Für die Präsentation stellen wir Ihnen 3 Alternativen vor:

- Standbild
  Die Gruppe erschließt gemeinsam den Text. Im Anschluß daran erarbeitet sie eine Standbildpräsentation. Ein Schüler aus der Gruppe positioniert als Spielleiter seine Gruppenmitglieder(alternativ ohne Worte) in der Form, so wie er sich die Situation oder den Sachverhalt vorstellt. Es sind durchaus mehrere Bilder denkbar, die nacheinander oder nebeneinander stehen können und so ein Gesamtbild mit Zusammenhängen oder Konfigurationen entstehen lassen.
- Szenisches Spiel ohne Worte.
- Spielszene mit Dialog.

Lassen Sie Ihre Schüler doch einmal den folgenden oder andere Texte in einer der 3 Formen wiedergeben. Diskutieren Sie hinterher, welcher Prozeß im Laufe der Erarbeitung der Präsentation stattgefunden hat. Sie werden über das Ergebnis und die Motivation erstaunt sein.

Als Beispiel dient der Text auf Seite 84.

Anmerkungen

Zusammenhänge lassen sich sehr sinnvoll und einfach mit den Fachbegriffen kombinieren, indem die Schüler das, was sie darstellen, z. B. ergänzend durch ein Schild am Körper verdeutlichen.

Variationen und Transfer

Überall dort, wo Zusammenhänge und Prozesse thematisiert werden, ist diese Methode einsetzbar. Beispiele aus der Praxis: siehe »Piktogramme«.

Unser Gehirn verarbeitet Informationen

– Ein vereinfachtes Modell der Gedächtnisstufen –

(in Anlehnung an Strauß, E. et al)

Man kann das menschliche Gedächtnis grob in drei verschiedene Bereiche untergliedern: in den Kurzzeitspeicher, in den mittelfristigen Speicher und in den Langzeitspeicher.

Der Kurzzeitspeicher umfaßt unser Bewußtsein. Er verarbeitet und speichert die Erinnerungen an die jeweils letzten 10 bis 20 Sekunden unseres Lebens, die uns gegenwärtig sind. Ohne diesen Zusammenhang wären wir nicht fähig, z. B. einen Satz zu verstehen, da wir den Anfang bereits vergessen hätten, wenn der Schluß kommt. Der Kurzzeitspeicher hat nur eine begrenzte Aufnahmekapazität für die ankommenden Informationen. Erreichen zu viele Informationen zur gleichen Zeit unser Gehirn, dann gehen sie verloren. Wir bemerken sie nicht oder können sie nicht verstehen. Wir leiden darunter beispielsweise dann, wenn wir einen schwierigen Text lesen wollen und gleichzeitig laute Musik aus dem Radio tönt oder der Fernseher läuft. Dann sind die Aufnahmekanäle überlastet, und weder die Musik oder die Fernsehsendung noch der Text werden vollständig verstanden. Das gleiche gilt für zu schnelles Vorlesen. Auch dabei erreichen uns zu viele Informationen auf einmal, die der Kurzzeitspeicher nicht bewältigen kann. Den größten Teil der Informationen im Kurzzeitspeicher verlieren wir wieder nach etwa 20 Sekunden.

Ein geringer Rest der Informationen wandert in den mittelfristigen Speicher, wo diese einige Stunden oder Tage aufbewahrt werden und wieder abrufbar sind. Der Ablauf des gestrigen Tages ist uns immer noch grob in Erinnerung. Auch kurzfristige Absichten – z. B. was wir einkaufen wollen oder wen wir anrufen möchten – werden hier gespeichert.

Von diesen Informationen wird wiederum ein verschwindend geringer Teil ins Langzeitgedächtnis übernommen. Hier werden sie sehr lange, zum Teil über Jahre hinweg oder sogar ein Leben lang gespeichert. Alle unsere Kenntnisse und Fertigkeiten haben hier ihren Platz. Dabei haften die Informationen um so fester, je früher sie im Leben gelernt wurden. Auch eine intensive Wiederholung des Speichervorgangs festigt die Erinnerung. Von alten Menschen wissen wir, daß sie diejenigen Dinge zuerst vergessen, die sie zuletzt gelernt haben.

Was ist mir wichtig?*

Bewegung ermöglichen		viele Schüler einbeziehen	✓
niemanden ungewollt exponieren	✓	Kommunikation ermöglichen	✓

Diese Methode ist ein sehr motivierender Einstieg in eine Themendiskussion, da die individuellen Ansichten aller Schüler einbezogen werden.

Durchführung

Jeder Schüler bekommt einen Bogen mit einer Anzahl von Aussagen zu einem vorgegebenen Thema, in unserem Beispiel Umweltschutz.

- Die Schüler sollen zunächst aus den angegebenen Aussagen eine Rangfolge nach ihrer subjektiven Wichtigkeit erstellen, indem sie in die Kästchen neben den Aussagen die Zahlen von 1 bis 11 schreiben. Dabei bedeutet 1 = ist mir am wichtigsten, 2 = ist mir am zweitwichtigsten, bis 11 = ist mir am wenigsten wichtig. Jede Zahl darf nur ein einziges Mal verwendet werden.
- Danach übertragen die Schüler die Zahl in das daneben stehende Kästchen des Auswertungsstreifens, trennen ihn ab und geben ihn dem Lehrer. Anhand aller Auswertungsstreifen kann das Klassenprofil ermittelt werden.
- Anschließend bilden sich Kleingruppen mit maximal 5 Schülern. Die Gruppe erhält einen Bogen Wandzeitungspapier. Die Gruppenmitglieder sollen nun ihre individuellen Wertungen einander vorstellen. Im nächsten Schritt soll jede Gruppe sich durch Diskussion auf die 4 wichtigsten Aspekte einigen. Diese werden auf die Wandzeitung übertragen. Während dieser Gruppenarbeit kann der Spielleiter anhand der Auswertungsstreifen das Klassenprofil an der Tafel oder auf Folie erstellen.
- Wenn alle Gruppen diese Phase abgeschlossen haben, folgt im Plenum das Auswertungsgespräch. Es beginnt mit dem Vorstellen und Begründen der Gruppenergebnisse. Dann soll inhaltlich diskutiert werden. Aspekte können sein: die Gesamtrangfolge, Homogenität oder Heterogenität der Bewertung, die Argumente für die Rangfolge.
- Anschließend kann der Spielleiter das Klassenprofil sowie die von ihm ermittelten Durchschnittswerte vorstellen und z. B. mit den Gruppenergebnissen vergleichen.

* In Anlehnung an U. Baer: Remscheider Diskussionsspiele

Beispiel

Was ist mir wichtig?
Mein Beitrag zum Umweltschutz

- Lies' die nachfolgenden 11 Aktivitäten und erstelle eine Rangfolge. Rang 1 ist die Aktivität, die du am ehesten konsequent durchhalten könntest. Rang 11 bekommt die Aktivität, welche dir am schwersten fällt. Du darfst jede Zahl nur ein einziges Mal benutzen.
- Übertrage deine persönliche Rangfolge auf den Kontrollabschnitt und schneide den Streifen ab. Dieser anonyme Streifen dient der Ermittlung eines Gruppenergebnisses.

Aktivität	**Meine Wertung**	**Kontroll-abschnitt**
Müll sammeln und trennen (A)		
Konsequent mit dem Fahrrad zur Schule fahren (B)		
Mich aktiv in einer Umweltschutzgruppe beteiligen (C)		
Ganz auf tierische Produkte (Nahrung und Kleidung) verzichten (D)		
Mich in einer Partei für die Belange der Umwelt einsetzen (E)		
Auf Mißstände in der Schule in Schulgremien hinweisen (F)		
Auf einen Führerschein verzichten (G)		
Andere Schüler von Vorteilen des eigenen Handelns überzeugen (H)		
Nicht mit dem Flugzeug in den Urlaub fahren (I)		
Eine Umweltschutzgruppe durch Spenden unterstützen (J)		
Mich vegetarisch ernähren (K)		

Beispielhaftes Klassenprofil

Aussage	Schüler	Schüler	Schüler	Schüler	Schüler	Schüler	Schüler	Schüler	Schüler	Summe	Platz
A	1	1	1	2	1	2	1	1	5	15	1
B	2	2	2	1	2	1	3	3	4	20	2
C	6	8	9	9	3	4	5	6	3	53	4
D	10	11	10	10	11	11	10	10	1	84	11
E	11	10	4	11	8	8	11	9	6	78	10
F	5	5	3	5	10	7	6	5	10	57	8
G	8	7	7	8	9	5	7	8	10	69	9
H	3	4	5	4	5	10	8	4	9	52	3
I	7	6	8	6	6	3	4	7	7	54	6
J	4	3	6	3	7	9	2	11	8	53	4
K	9	9	7	7	4	6	9	2	2	55	7

Das Gruppenprofil wird ermittelt, indem die einzelnen Schülerrangfolgen eingetragen und dann in der Waagerechten addiert werden. Aus den Summen läßt sich die Rangfolge der Gruppe ableiten. Dieses kann im Plenum vorgestellt werden, außerdem können Besonderheiten bei den einzelnen Aktivitäten diskutiert werden (z. B. Homogenität der Nennungen oder Ausrutscher).

Anmerkungen

In unserem Beispiel sind die Themen bereits vorgegeben. Sie können aber auch in einem ersten Schritt die möglichen Themen in der Gruppe erarbeiten lassen, z. B. mit dem »Brainstorming« oder mit der »Kartenabfrage«.

Die Anonymität, die im ersten Teil dieser Methode gewährleistet ist, kann in dieser Form während der Gruppenarbeitsphase nicht aufrecht erhalten werden, da die einzelnen Gruppenteilnehmer sich über ihre individuellen Einschätzungen austauschen sollen. Daher ist es vor allem bei sensiblen und sehr persönlichen Themen ratsam, die einzelnen Phasen der Übung vorher deutlich zu machen.

Variationen und Transfer

- Für die Vorstellung der Ergebnisse kann jede Gruppe einen Gruppensprecher wählen, der das Ergebnis vor dem Plenum vertritt oder mit den anderen Gruppensprechern versucht, zu einem Gruppenkonsens zu kommen (siehe auch Lobby-Diskussion).
- Mit Hilfe einer derartigen Vorgehensweise lassen sich Planungsvorhaben wie z. B. eine Klassenfahrt mit den gewünschten und unerwünschten Aktivitäten an Stelle der oft anstrengenden Klassendiskussionen rascher und effektiver planen.

Wühlkiste*

Bewegung ermöglichen		viele Schüler einbeziehen	✓
niemanden ungewollt exponieren	✓	Kommunikation ermöglichen	✓

Durchführung

Die Schüler bilden einen Stuhlkreis. In der Kreismitte steht eine Kiste mit Deckel, in der sich verschiedene Gegenstände befinden, die irgendwie im weitesten Sinne mit dem Thema des Unterrichts zu tun haben. Wer Lust dazu hat, greift in die Kiste, grabbelt herum und zieht blind einen Gegenstand heraus. Dann besteht Gelegenheit, der Gruppe zu erzählen,

- welche persönlichen Gedanken oder Gefühle sich mit diesem Gegenstand verbinden
- ob man sich an eine Situation aus dem eigenen Leben erinnert, die mit dem Gegenstand zu tun hat ...

Anschließend können die Mitschüler ergänzen, aber nicht das Gesagte bewerten.

Anmerkungen

Dieses Spiel zum Einstieg in ein Thema erfordert ein vertrautes Gruppenklima. Niemand soll in diesem Spiel gezwungen werden, etwas zu dem gezoge-

* in Anlehnung an Barmer Ersatzkasse: Aids-Prävention und Sexualaufklärung

nen Gegenstand zu sagen. Wenn jemandem nichts einfällt oder er nicht sagen möchte, so ist das von allen zu akzeptieren. Die anderen Schüler sollen die Äußerungen nicht kommentieren, höchstens durch eigene Assoziationen ergänzen.

Sie benötigen an Material: die Wühlkiste (ein Schuhkarton o. ä.) sowie verschiedene Utensilien, die etwas mit dem Thema zu tun haben. Dabei muß der Bezug zum Thema nicht notwendigerweise eng sein. Es ist erstaunlich, wie phantasievoll assoziiert wird.

Beispielhaft sind zwei Wühlkisten zusammengestellt:

- Partnerschaft, Liebe, Sexualität
  Ehering – Herz – erotische Fotos – Lippenstift – Sonnenbrille – Schlaftabletten – zerrissener Brief – Luftballon – Dessous – Videocassettenhülle – Urlaubsprospekt – Gummiband – Kerze – Foto mit schmusenden Senioren – Süßigkeiten – Kinokarte – Kontaktanzeige – Gedichtband – Kondom – Anti-Baby-Pille – Schmusetier – usw. . . .

- Essen und Trinken
  Gummibärchen – Colaflasche – Müsli – Genfood-Artikel – Möhre – Foto eines unterernährten Kindes – Diät-Lebensmitel – Bild eines stark übergewichtigen Menschen – Karte mit dem Wort »Streß« – Bild, das Langeweile ausdrückt – Kunstdünger – Foto eines schön gedeckten Tisches – Hamburger – Zeitungsartikel über Massentierhaltung – Vitamintablette – Scheibe Vollkonbrot – usw. . . . .

Variationen und Transfer

Wie bereits angemerkt, sind hier der assoziativen Phantasie keine Grenzen gesetzt. Es sind zu den verschiedenen Themen Wühlkisten jeglicher Art denkbar, die auch von einzelnen Schülern oder Gruppen zusammengestellt werden und zu angeregten und fruchtbaren Diskussionen führen können.

2.4.4 Themen wiederholen und festigen

Oft wird das Wiederholen und Festigen von Lerninhalten als eintönig und langweilig empfunden. Dabei ist gerade diese Phase der unterrichtlichen Arbeit eine essentielle Voraussetzung gegen das Vergessen. Durch abwechslungsreiche und zum Teil spielerische Methoden, die viel schülerinterne Kommunikation ermöglichen, möchten wir Anregungen in diesem weiten Unterrichtsfeld geben. Die Einbindung möglichst aller Schüler in den Wiederholungsprozeß und deren Mitgestaltung dieser Phase bilden einen weiteren Schwerpunkt in diesem Kapitel.

Das ist tabu!

Bewegung ermöglichen		viele Schüler einbeziehen	✓
niemanden ungewollt exponieren		Kommunikation ermöglichen	✓

Dieses Spiel ist an das bekannte Gesellschaftsspiel angelehnt. Beim Erraten von Schlüsselbegriffen dürfen bestimmte »Tabuwörter« nicht verwendet werden.

Durchführung

Sie bereiten einen Stapel mit Karten vor. Auf der Vorderseite steht ein zu erratender Begriff und auf der Rückseite sogenannte Tabuwörter. Zwei Gruppen spielen gegeneinander. Ein Mitglied der einen Gruppe zieht die oberste Karte und zeigt den Suchbegriff dem Spieler der anderen Gruppe. Dieser versucht nun, seinen Mitspielern den Suchbegriff zu beschreiben, ohne die Tabubegriffe zu benutzen, die ihm aber nicht bekannt sind. Gelingt ihm das in einer festgelegten Zeit und seine Gruppe errät das Wort, bekommt sie einen Punkt. Die jeweils andere Gruppe kontrolliert die Zeit und die Vermeidung der Tabubegriffe.

Beispiele:

- Suchbegriff: Eiffelturm — Tabuwörter: Paris, Wahrzeichen, Turm, hoch
- Suchbegriff: Adenauer — Tabuwörter: Bundeskanzler, Natoeintritt, Köln
- Suchbegriff: Vitamin A — Tabuwörter: Vitamin, Möhren
- Suchbegriff: HIV — Tabuwörter: Aids, Virus, Drogen

Anmerkungen

Das Spiel ist vielfältig einsetzbar, vor allem am Ende eines Unterrichtsabschnittes, wenn Begriffe oder Sachverhalte wiederholt werden sollen.

Das Spiel ist auch einfach von Schülern zu gestalten. Je nach Schwierigkeitsgrad kann ein Zeitlimit zum Finden des Suchbegriffes gesetzt werden.

Domino

Bewegung ermöglichen		viele Schüler einbeziehen	✓
niemanden ungewollt exponieren	✓	Kommunikation ermöglichen	✓

Mit dieser Variation des klassischen Gesellschaftsspieles können Schlüsselbegriffe des Unterrichts wiederholt werden.

Durchführung

Die Schüler bilden Gruppen von 5 – 8 Personen. Jeder erhält aus einem Kartenstapel eine gleiche Anzahl von Karten. Die Karten sind so gestaltet, daß sich jeweils nebeneinander eine Frage und eine Antwort darauf befinden.

Antwort	Frage

Antwort 21 Frage 1	Antwort 1 Frage 2	Antwort 2Frage 3	. . .	Antwort 20 Frage 21

Eine Karte wird offen auf den Tisch gelegt. Die Schüler prüfen nun, ob ihre Karten zur Frage oder zur Antwort passen. Falls ja, so wird die passende Karte angelegt. Das Spiel ist beendet, wenn alle Karten ausgelegt worden sind.

Anmerkungen

Dieses Spiel ist vielfältig einsetzbar und auch von Schülern zu gestalten. Bei der Erstellung der Dominokarten mit Fragen und Antworten sollten Sie so vorgehen, daß Sie die Karten vor sich liegen haben, die Frage auf die erste Dominokarte und die passende Antwort auf die nachfolgende Karte schreiben. Dabei muß die Antwort der letzten Frage auf der ersten Karte erscheinen.

Variationen und Transfer

Eine wesentlich höhere Anforderung erzielen Sie mit folgender Variation, weil hier die Zuordnung der Karten inhaltlich begründet werden muß. Die Klasse wird dazu in Kleingruppen aufgeteilt, jede Gruppe erhält einen Stapel Karten mit Begriffen zu einem Thema sowie je eine Jokerkarte. Der Spielleiter beginnt und heftet eine Karte an die Tafel. Nun soll die erste Gruppe eine ihrer Karten anfügen und begründen, warum diese Karte zu dem bereits vorliegenden Begriff paßt. Nun folgt Gruppe zwei usw. Falls eine Gruppe keine Karte anzulegen weiß, kann sie die Jokerkarte einsetzen.

Beispiel »Inhaltsstoffe der Nahrung«

Die Gruppen erhalten Karten mit den Begriffen: Eiweiß, Kohlenhydrate, Fett, Vitamine, Mineralstoffe, Wasser, Ballaststoffe, Stärke, Zucker, Aminosäuren, Glycerin, Fettsäuren, Riboflavin, Ascorbinsäure, Calcium, Eisen.

Der Spielleiter klebt die erste Karte »Energieliefernde Nährstoffe« an die Tafel. Nun hängt die erste Gruppe z. B. ihre Karte »Kohlenhydrate« daneben und begründet die Entscheidung. Gruppe 2 folgt z. B. mit der Karte »Zucker« und begründet dies damit, daß Zucker zu den Kohlenhydraten gehört. Nun folgt Gruppe 3 usw. Immer, wenn eine Gemeinsamkeit der ausliegenden Karte mit der anzulegenden Karte begründet wird, hat die Gruppe erfolgreich gehandelt.

Galeerenspiel

Bewegung ermöglichen	✓	viele Schüler einbeziehen	✓
niemanden ungewollt exponieren		Kommunikation ermöglichen	

Diese Übung hat ausgesprochen spielerischen Charakter und setzt die ganze Gruppe in Bewegung. Sie ist nicht nur zum Wiederholen von Lerninhalten geeignet, sondern auch als Spiel »für zwischendurch«.

Durchführung

Die Schüler werden in Gruppen aufgeteilt. Jede Gruppe soll aus maximal 8 Schülern bestehen, sonst sind zuviele Personen unbeteiligt. Die verschiedenen Gruppen befinden sich wie in einer Galeere nebeneinander, die Gruppenmitglieder jeder Gruppe sitzen hintereinander auf Stühlen oder auf dem Fußboden und bekommen die Nummern 1–8 zugeteilt. Alle machen während des gesamten Spiels Ruderbewegungen.

Der Spielleiter stellt eine Aufgabe, z. B. »die Nummer 4 bringt mir ein Glas Wasser« oder »die Nummer 2 sagt mir den Satz des Pythagoras«. Die betroffenen Personen in den Gruppen treten nun in einen Wettbewerb miteinander, sie müssen möglichst als erster die Aufgabe lösen. Danach setzen sie sich wieder zurück in die »Galeeren«. Die Aufgaben werden bepunktet. Die Mannschaft mit den meisten Punkten ist Sieger.

Memory

Bewegung ermöglichen		viele Schüler einbeziehen	✓
niemanden ungewollt exponieren	✓	Kommunikation ermöglichen	✓

Durchführung

Sie alle kennen die klassische Form dieses beliebten Kinderspieles, bei dem es darum geht, auf dem Tisch verteilte und verdeckt liegende Symbolpaare wiederzufinden. Man darf immer nur zwei Karten umdrehen. Wenn sie kein Paar ergeben, werden sie wieder zurückgelegt. Im Kinderspiel sind es Bilder, die zuzuordnen sind.

Im Unterricht sind andere Paare denkbar:

- Gleichartige oder assoziativ zusammengehörige Bilder oder Aussagen
  z. B. Fotos von Jaques Chirac – Eiffelturm/m = c2 – Einstein/...
- Begriffspaare
  Die Glocke – Schiller/Romeo – Julia, ...
- Aufgabe und Lösung
  Osteraufstand in Irland – 1916/64 – 8/...
- Person und Eigenschaft
  Macbeth – ehrgeizig/...

Anmerkungen

Dieses Spiel macht besonders in Kleingruppen Spaß. Auch hier können die Begriffspaare von den Schülern einzeln oder in Gruppenarbeit vorbereitet und anschließend gespielt werden.

Risiko

Bewegung ermöglichen		viele Schüler einbeziehen	✓
niemanden ungewollt exponieren	✓	Kommunikation ermöglichen	✓

Durchführung

Verschiedene Themen oder Wissensgebiete werden festgelegt und an die Tafel geschrieben. Die Schüler teilen sich nun in Gruppen auf. Jede Gruppe hat ein bestimmtes Punktekontingent, z. B. 200 Punkte, als sogenanntes Startkapital. Der Spielleiter hat zu den Themengebieten Fragen vorbereitet. Nun wird das Gebiet genannt, aus dem die erste Frage kommen soll. Bevor sie vorgelesen wird, muß jede Gruppe einen Einsatz tätigen, dabei beträgt der maximal mögliche Einsatz 100 Punkte und der minimale Einsatz 10 Punkte. Die Einsätze werden an der Tafel notiert. Anschließend wird die Frage verlesen und eine Antwortzeit eingeräumt, innerhalb derer sich die Gruppen beraten können und die Antwort in den Gruppen niedergeschrieben werden muß. Der Spielleiter läßt die Antworten entweder vorlesen oder er sammelt die Antwortkarten ein. Bei einer richtigen Antwort wird der Einsatz zum Kontostand addiert, bei falscher Antwort abgezogen. Ende des Spieles ist, wenn alle Fragen beantwortet worden sind oder wenn ein vorher vereinbarter Höchstpunktestand erreicht ist.

Beispiel einer Tabelle

Gruppe A	Gruppe B	Gruppe C
200 P. Startkapital	200 P. Startkapital	200 P. Startkapital
+ 70 Einsatz = 270 P.	+ 30 Einsatz = 230 P.	– 100 Einsatz = 100 P.
– 50 Einsatz = 220 P.	+ 100 Einsatz = 330 P.	+ 10 Einsatz = 110 P.

Anmerkungen

Die Fragen können Wiederholungsfragen z. B. vor einer Klassenarbeit sein. Als Beispiel kann das Thema »Nordirland« dienen. Zu folgenden Themengebieten werden Fragen vorbereitet: Geschichte, bedeutende Personen, Geographie, Musik.

Das Spektrum kann auch um ein oder mehrere Wissensgebiete jenseits des Unterrichts ergänzt werden (Allgemeinwissen, Musik, Sport etc.), welche für die Schüler von besonderem Reiz sind. Eine zusätzliche Herausforderung ist es, dieses Spiel in kleineren Gruppen zu spielen, wobei die Schüler die Fragen selbst vorbereitet haben.

Tortilla

Bewegung ermöglichen	✓	viele Schüler einbeziehen	✓
niemanden ungewollt exponieren	✓	Kommunikation ermöglichen	✓

Dieses altbekannte Spiel, Sie kennen es wahrscheinlich unter dem Namen »Obstsalat«, dient nicht nur zur Auflockerung und Bewegung im Unterricht, sondern kann in vielfältigen Variationen fachspezifisch eingesetzt werden, z. B. unter dem Namen »Tortilla« (Anm.: ein spanisches Eiergericht) im Spanischunterricht.

Durchführung

Die Schüler sitzen auf Stühlen im Kreis. Jede Person bekommt eine Zutat einer Tortilla zugeteilt, z. B. ›patatas‹ (Kartoffeln), ›aceite‹ (Öl), ›huevos‹ (Eier), ›cebollas‹ (Zwiebeln), so daß es jetzt eine Anzahl Teilnehmer mit der gleichen Zutat gibt. Pro Zutat sollte es mindestens 3 Personen geben. Der Spielleiter steht in der Kreismitte und nennt nun eine Zutat, z. B. ›patatas‹. Alle Schüler, die ›patatas‹ verkörpern, müssen aufstehen und den Platz wechseln, dabei versucht der Spielleiter auch einen der frei werdenden Plätze zu ergattern. Die nun übrig gebliebene Person geht in die Kreismitte nennt eine andere Zutat, und der Platzwechsel beginnt erneut. Wird der Begriff »Tortilla« gerufen, so müssen alle Teilnehmer ihre Plätze wechseln.

Anmerkungen

Bei dem Platzwechsel nach dem Begriff »Tortilla« werden Sie sehr schnell bemerken, daß nach einer gewissen Spieldauer viele Schüler einfach auf den Platz des Nachbarn weiterrutschen wollen.

Variationen und Transfer

Viele Variationen dieses Spiels sind möglich, z. B.

- Im Sachkundeunterricht am Beispiel »Das Planetensystem«: Die Schüler verkörpern verschiedene Himmelskörper, beim Begriff »Universum« werden alle Plätze getauscht.
- Im Biologieunterricht am Beispiel »Verdauungssystem«: Die Schüler verkörpern verschiedene Organe des Verdauungssystems, beim Begriff »Verdauung« werden alle Plätze getauscht.
- Im Mathematikunterricht am Beispiel 5er-Reihe und 3er-Reihe. Jeder Schüler verkörpert eine der Zahlen 3 oder 5. Der Spielleiter ruft nun Zahlen aus, die durch 3 teilbar sind (z. B. bei »9« wechseln alle Personen, die eine 3 verkörpern, den Platz) oder durch 5 (bei »25« wechseln alle Schüler, die eine 5 verkörpern, den Platz). Bei Zahlen wie z. B. »15« wechseln alle Teilnehmer den Platz, da die Zahl sowohl durch 3 als auch durch 5 teilbar ist.
- Im Englischunterricht zum Thema »Adverb/Adjektiv«. Die Schüler verkörpern entweder »some« oder »any«. In der Kreismitte liegen vom Lehrer vorbereitete Sätze, in denen »some« oder »any« vorkommt. Die Schüler im Stuhlkreis müssen nach Verlesen des Satzes entscheiden, ob sie den Platz wechseln müssen oder nicht. Anschließend kann der richtige Satz vorgelesen werden.
- Im Deutschunterricht können die Teilnehmer verschiedene Figuren eines Textes verkörpern. Die Person in der Kreismitte liest nun einen der vorbereiteten Zettel mit verschiedenen Eigenschaften vor, die entweder auf eine oder mehrere oder alle Personen zutreffen.

Vier gewinnt

Bewegung ermöglichen		viele Schüler einbeziehen	✓
niemanden ungewollt exponieren	✓	Kommunikation ermöglichen	✓

Durchführung

Die Klasse wird in 2 Gruppen aufgeteilt. An der Tafel aufgezeichnet befindet sich das Spielbrett mit z. B. folgender Aufteilung:

	A	B	C	D
1				
2				
3				
4				

Auf den Feldern befinden sich Zettel mit Fragen zu einem bestimmten Wissensgebiet, z. B. zu der letzten Unterrichtseinheit zum Thema Aids im Biologieunterricht, welche auch Gegenstand der nächsten Klassenarbeit sein wird. Die Zettel werden so in die Felder geklebt, daß sie nicht lesbar ist. Ziel ist es nun, in Gruppen (Klassenhälften oder kleiner), möglichst viele Fragen richtig zu beantworten. Gruppe 1 beginnt und ruft eine Karte, z. B. 2 A auf. Die Frage wird vom Spielleiter öffentlich vorgelesen, die Gruppe muß einen Gruppenkonsens herstellen und die Frage laut im Plenum beantworten. Ist die Antwort richtig, erhält die Gruppe einen Punkt (in das leere Feld einen farbigen Punkt setzen). Ist die Antwort falsch, so wird die Karte wieder in das Feld gehängt. Nun ist Gruppe 2 an der Reihe, ruft ein Feld auf. Das kann ein neues Feld oder auch das gerade eben aufgerufene Feld sein, falls die Gruppe die Antwort zu kennen glaubt. Gelingt es einer Gruppe, 4 Felder in einer Reihe zu besetzen (egal, ob waagerecht, senkrecht oder diagonal), so bekommt sie einen Sonderpunkt und darf eine zweite Fragekarte aufrufen. Gewinner ist die Gruppe mit den meisten Punkten.

Folgende Abbildung zeigt ein Spielfeld zum Spielende.

	A	B	C	D
1	o	o	x	o
2	x	o	o	x
3	x	x	x	x
4	o	x	o	o

Als Beispiel sind die Fragekarten mit kursiv gedruckten Antworten zum Thema »HIV-Infektion und Aids« abgedruckt.

Ist das Immunsystem auf Dauer in der Lage, HIV wirksam zu unterdrücken? *nein*	In welchen Körperflüssigkeiten wird HIV in mit Sicherheit infektiöser Menge nachgewiesen? *Blut, Samenflüssigkeit, Vaginalsekret*
Welche Blutbestandteile sind für die Abwehr von Fremdstoffen verantwortlich? *Weiße Blutkörperchen, Blutplasma*	Nenne 2 Schutzmöglichkeiten vor einer möglichen Ansteckung mit HIV! *Kondome benutzen, kein Geschlechtsverkehr, kein Spritzentausch*
Erkrankt jeder HIV-Infizierte innerhalb von 5 Jahren an Aids? *Nein*	Was ist der Unterschied zwischen HIV und Aids? *HIV: Erreger* *Aids: Krankheitsbild*
Wieviele Menschen sind in Deutschland bislang an Aids erkrankt? Wieviele HIV-infizierte Menschen gibt es? (Juni 1998) *Aids: 16 742 (verstorben: 10 799)* *HIV: 80 295*	Der Mensch besitzt etwa 5 – 6 Liter Blut. Nenne die Zusammensetzung des Blutes. *Blutplasma und Blutkörperchen (rote Blutkörperchen, weiße Blutkörperchen, Blutplättchen)*
Wie lange dauert es, bis der HIV-Antikörpertest nach einer möglichen Infektion ein zuverlässiges Testergebnis liefert? *ca. 12 – 16 Wochen*	Warum zerstört das menschliche Abwehrsystem die HIV nicht? *HIV zerstört die T-Helferzellen* *HIV ändert ständig seine Oberfläche*
Was genau weist der HIV-Antikörpertest im Blut nach? *die gebildeten Antikörper gegen HIV im Blut*	Wieviele Jugendliche zwischen 15 – 19 Jahren sind mit HIV infiziert in Deutschland? (Juni 1998) *969 Jungen/398 Mädchen*

Anmerkungen

Das Spiel ist von hohem motivierendem Wert. Die Spielstrategie, eine Reihe zu bekommen und die Reihenbildung der »gegnerischen« Partei zu verhindern, bietet einen weiteren Reiz dieses Spiels.

Die Gruppen sollen unbedingt einen Gruppensprecher wählen. Nur dessen Antwort ist gültig. Sie können auch eine Jokerkarte verwenden. In diesem Fall bekommt diejenige Gruppe einen Punkt, ohne eine Frage beantworten zu müssen. Man kann die Zeit für die Beratung in der Gruppe begrenzen, z. B. auf eine Minute festlegen.

Variation und Transfer

Werden die Fragen vom Lehrer erstellt, so kann zielgerichtet hinsichtlich der inhaltlichen Schwerpunkte gearbeitet werden. Haben die Schüler die Fragen erdacht, eröffnet sich mitunter eine unspezifische Breite im Thema.

Erarbeitung eines Textes nach dem Prinzip »Vier gewinnt«

Eine mögliche Variante ist es, Schüler mit diesem Spielprinzip einen Text erarbeiten zu lassen. Dazu wird zunächst der Text in der Stunde oder als Hausaufgabe zur Lektüre aufgegeben. Beim Lesen soll jeder Schüler insgesamt 9 Fragen (A 1 – C 3) an den Text stellen und diese dann auf Zettel schreiben. Dann spielt er zusammen mit 2 anderen Partnern nach dem oben beschriebenen Prinzip. Die Erfahrung in vielen Einsätzen hat gezeigt, daß jeder Schüler unterschiedliche Akzente in den Fragen setzt und so der Text in seiner ganzen Vielfalt erarbeitet wird. Gleichzeitig werden Schüler bereits früh daran gewöhnt, gezielt Fragen zu stellen und Schwerpunkte zu setzen. Eine Auseinandersetzung mit den Inhalten auf die oben beschriebene Art und Weise hilft ihnen, einen eigenen Zugang im Sinne einer individuellen Kodierung vorzunehmen und den Lerninhalt besser zu behalten.

2.4.5 Planen von Vorhaben

Beim Planen ist es hilfreich, wenn die Entscheidungsprozesse systematisch erfolgen und transparent gemacht werden. In der Planungsphase geht es darum, die erforderlichen Arbeiten und auch die damit verbundenen Verantwortlichkeiten für eine schrittweise Annäherung an ein Ziel festzulegen. Die daraus entstehenden Verbindlichkeiten sollen klar formuliert sein, damit keine falschen Erwartungen entstehen können.

Die nachfolgenden Beispiele dienen dazu, die gesamte Gruppe in den Planungsprozeß einzubinden. Stille Schüler haben so die Gelegenheit, sich zu äußern, und niemand wird ungewollt exponiert.

Die Planung auf den Kopf stellen

Bewegung ermöglichen		viele Schüler einbeziehen	✓
niemanden ungewollt exponieren	✓	Kommunikation ermöglichen	✓

Durchführung

Diese Methode eignet sich gut zur Planung von Projekten, z. B. die Organisation eines Ausfluges. In einem ersten Schritt sollen die Schüler auf Karteikarten pro Karte eine Äußerung aufschreiben, was sie tun müssen, damit der Ausflug scheitern wird. Die diesbezügliche Arbeitsfrage lautet »Was müssen wir machen, damit der Ausflug auf gar keinen Fall gelingen kann?«. Diese Äußerungen werden auf eine Wandzeitung geklebt, auf der symbolisch eine ›Treppe abwärts in den Keller‹ gezeichnet ist.

In einem zweiten Schritt werden die Äußerungen ins Positive gekehrt und Schritte daraus abgeleitet, die wichtig zum Gelingen des Projektes sind. Die diesbezüglichen Karten werden auf eine zweite Wandzeitung mit einer ›Treppe aufwärts‹ gepint. Dieser Arbeitsschritt kann in der Kleingruppe oder im Plenum durchgeführt werden. Es ist auch möglich, daß Sie die Schritte ableiten und vorstellen.

Anmerkungen

Diese Methode eignet sich besonders für die Arbeit mit älteren Schülern oder mit Erwachsenen, z. B. auch in kollegiumsinternen Planungsgruppen. Zur

Anregung präsentieren wir Ihnen 8 Ratschläge zum Scheitern eines Projektes:

- Weigere Dich anzufangen, bevor nicht wirklich Alles geklärt ist.
- Mache das Gelingen des Projekts von einer großzügigen finanziellen Förderung des Schulvereins abhängig, die im Voraus überwiesen wird. Und ohne die Klärung der Frage von Freistunden und Hausaufgabenerlaß fange gar nicht erst an.
- Deine eigenen Ideen sind die besten. Lasse also auf keinen Fall andere Ideen gelten.
- Du bist die absolut wichtigste Person im Team und durch niemanden zu ersetzen. Andere können Dir sowieso nicht das Wasser reichen.
- Bemühe Dich nicht um Unterstützung von anderen Mitschülern. Weiche lästigen Hilfsangeboten aus, das behindert nur die Arbeit.
- Plane vorsichtshalber das gesamte Projekt in einem Rutsch, dann bist du ruckzuck fertig und alles ist schnell zu Ende. Die systematische Planung kostet nur unnütze Zeit.
- Erspare Dir und anderen, die Projektinformationen innerhalb der Klasse bekannt zu machen. Das lohnt sowieso nicht.

Entscheidungsstreifen

Bewegung ermöglichen	✓	viele Schüler einbeziehen	✓
niemanden ungewollt exponieren	✓	Kommunikation ermöglichen	✓

Mit den Entscheidungsstreifen können Sie die individuellen Prioritäten im Rahmen einer Entscheidungsvorbereitung verdeutlichen.

Durchführung

Zu einem gegebenen Thema »Klassenfahrt nach München« werden in der Klasse mögliche Aktivitäten gesammelt (z. B. Kartenabfrage oder Brainstorming), in diesem Beispiel:

- A: Deutsches Museum besuchen
- B: Stadtbummel machen
- C: ins Hofbräuhaus gehen
- D: Olympiastadion besichtigen
- E: einen Tag in die Alpen fahren.

Diese Aktivitäten werden je auf Karteikarte übertragen und dann untereinander an die Tafel oder auf den Boden geklebt.

Dann bekommt jeder Schüler einen ca. 50 cm langen Kreppbandstreifen. Diesen Streifen kann er nun nach seinem persönlichen Empfinden auf die möglichen Aktivitäten aufteilen: je wichtiger ihm die Aktivität ist, desto länger wird das Stück Kreppband. Wenn jeder Schüler sein Kreppband nach Prioritäten gewichtet hat, werden die einzelnen Streifen nun hintereinander an die Karteikarten geklebt, so daß folgendes Bild entstehen kann:

Olympiastadion	Schüler X	Sch. Y	Schüler Z	Schüler A

Alpen	Sch. X	Sch. Y	Sch. Z	Schüler A

Damit werden sehr schnell die Vorlieben in der Klasse visualisiert, und Sie erhalten ein Klassenprofil. Dazu ist es ein Verfahren, das eine weitgehend anonyme Prioritätenbildung ermöglicht. Bei der Auswertung ist es interessant, wie die Entscheidungsstreifen zusammengesetzt sind: haben nur wenige Personen sehr lange Streifen geklebt oder setzt sich der Streifen aus vielen kleinen Stücken zusammen?

Anmerkungen

Alternativ dazu kann auch jeder Schüler seine individuellen Entscheidungsstreifen vorstellen und die Entscheidung begründen. Das könnte dann folgendermaßen aussehen:

Sch. A	Deutsches Museum	Olympiastadion	Stadtbummel	Hofbräuhaus

Sch. B	Deutsches Museum	Alpen	Olympiastadion	Hofbräuhaus	Stadt

Allerdings werden bei diesem Verfahren die persönlichen Vorlieben öffentlich deutlich gemacht.

Variationen und Transfer

Anstelle der Entscheidungsstreifen können Sie auch eine Entscheidungstorte verwenden. In diesem Fall werden die Schüler gebeten, die Torte in, je nach persönlicher Gewichtung, verschieden große Stücke zu teilen.

Kartenabfrage »Klassenfahrt«

Bewegung ermöglichen	✓	viele Schüler einbeziehen	✓
niemanden ungewollt exponieren	✓	Kommunikation ermöglichen	✓

Mit einer Kartenabfrage können Sie von allen Schülern viele Informationen zu einem Thema erfassen.

Durchführung

Für alle Schüler stehen ausreichend Karteikarten und Filzschreiber zur Verfügung. An der Tafel hängt eine leere Wandzeitung mit einer Frage, z. B. »Was möchtest Du gern während unserer Klassenfahrt machen?« als Überschrift. Die Klassenmitglieder können nun ihre Wünsche auf den Karten, stichwortartig und wegen der Lesbarkeit möglichst groß geschrieben, notieren. Als Regel gilt, in einem ersten Schritt zwar alles aufzuschreiben, aber schließlich nur die 3 wichtigsten Karten zu veröffentlichen.

Anschließend heften die Schüler die Karten an die Wandzeitung. Dann können sie nach Sortierkriterien zu Bündeln sortiert und zusammengefaßt werden. Zuordnungskriterien können sein: »Aktivitäten in der Freizeit«, »Aktivitäten, die zum Thema der Fahrt gehören«, »gemeinsame Aktivitäten«, »Aktivitäten in kleinen Gruppen oder allein«. Die verschiedenen Bündel werden mit Überschriften versehen.

In einem nächsten Schritt können die Aktivitäten innerhalb eines Bündels in eine Rangfolge gebracht werden. Dazu eignen sich gut Klebepunkte. Alle Schüler haben z. B. 3 Klebepunkte zur Verfügung und können diese nun auf die für sie persönlich wichtigsten Aktivitäten verteilen. Dadurch entsteht sehr schnell ein Gesamtbild der individuellen Prioritäten. Alternativ, aber mit wesentlich mehr Zeitaufwand verbunden, können Sie das Prioritätenspiel »Was ist mir wichtig?« einsetzen.

An diesen Schritt kann sich eine systematische Planung der erforderlichen Arbeitsschritte (s. Planungsposter) anschließen.

Anmerkungen

Die Methode ermöglicht viele Äußerungen in einem anonymen Rahmen. Das soll zurückhaltende Schüler ermutigen, sich aktiv zu beteiligen.

Hängen Sie keine Karten mit ähnlichen Aussagen direkt übereinander, sonst bleiben die Häufungen nicht sichtbar.

Achten Sie beim Beschreiben der Karten darauf, daß nur dicke Filzstifte benutzt werden. Außerdem sollen nur Stichwörter notiert werden. Beides erhöht die Lesbarkeit der Karten.

Bei dem Bewerten durch Klebepunkte kann es zu gruppendynamischen Mitläufereffekten kommen.

Das Bündeln der Karten kann auch von der Gruppe übernommen werden, ebenso das Finden der Überschriften zu den einzelnen Bündeln.

Alternativ zur Wandzeitung können Sie die Karten auf dem Fußboden auslegen und dort sortieren oder von der Gruppe sortieren lassen.

Variationen und Transfer

Anwendbar ist diese Methode auch für die Auswahl von Unterrichtsthemen oder für die Nachbetrachtung einer Unterrichtseinheit, um daraus Konsequenzen für das weitere Vorgehen zu ziehen.

Planungsposter

Bewegung ermöglichen		viele Schüler einbeziehen	✓
niemanden ungewollt exponieren	✓	Kommunikation ermöglichen	✓

Durchführung

Als Beispiel soll die Planung von Projekten im nächsten Schulhalbjahr dienen. Nachdem Anzahl und Titel der Projekte abgestimmt sind, werden ein oder mehrere Bögen Wandzeitung aufgehängt. Der (oder bei mehreren Projekten entsprechend mehr) Bogen Wandzeitung wird nach folgendem Muster aufgeteilt:

Name des Projektes: ....

Ziel des Projektes: ....

Wem/Was nützt es? ....

Wie kann man das Gelingen feststellen? ....

Die Fragen werden nach und nach in der Gruppe diskutiert und vom Lehrer auf der Wandzeitung notiert.

Die notwendigen Einzelschritte zur Realisierung können unter Berücksichtigung folgender Kriterien detailliert geplant werden:

Was soll gemacht werden?	Wer macht was?	Wen kann man beteiligen?	Bis wann?	Welche Probleme können auftreten?	Welche Hilfsmittel werden gebraucht?

Anmerkungen

Dies ist ein sehr einfaches, klar strukturiertes Planungsverfahren. Vor allem die systematische Planung der Einzelschritte erhöht deutlich die Verbindlichkeit, da Zuständigkeiten und Verantwortlichkeiten sowie zeitliche Zielsetzungen klar festgelegt werden. Es ist wichtig, in die Spalte »Wer macht was?« nur Schüler einzutragen, die gerade anwesend sein. Findet sich niemand der Anwesenden dafür, so wird die Tätigkeit aus dem Plakat wieder gestrichen. Fragen Sie ruhig in solchen Situationen, wie es der betreffenden Person geht, die gerade diese Idee ins Plenum eingebracht hat.

2.4.6 Auswerten

Um den Verlauf von Unterricht oder Projekten beurteilen zu können, sind Rückmeldungen über den Inhalt, über die Atmosphäre in der Lerngruppe oder auch über die Organisation hilfreich. Auswertungen können als Zwischenbilanz dienen, dann ist letztlich die Optimierung des weiteren Kursverlaufs das Ziel. In der Schlußbilanz geht es um die thematische Abrundung und vielleicht auch um das persönliche Abschiednehmen vom Seminar und den anderen Teilnehmern. Die Auswertung spiegelt nicht nur den Prozeß wider, sondern enthält auch immer Anregungen für weitere Arbeitsabschnitte.

Rückmeldungen über eine gemeinsame Arbeit erfolgen oft spontan und zudem nur von einzelnen Teilnehmern, die entweder sehr mitteilsam sind oder besonders negative oder positive Bewertungen gemacht haben. Viele andere Personen schweigen. Damit kommt eine Auswertung leicht in eine Schieflage.

In diesem Kapitel finden Sie methodische Anregungen zur schriftlichen Auswertung, zur mündlichen Auswertung sowie Vorschläge für expressive Verfahren. Damit soll eine Auswertung durch möglichst viele Schüler ermöglicht werden, um ein differenziertes Bild der Einschätzungen zu bekommen.

Brief an mich selbst

Bewegung ermöglichen		viele Schüler einbeziehen	✓
niemanden ungewollt exponieren	✓	Kommunikation ermöglichen	

Am Ende einer gemeinsamen Arbeit kann es angebracht sein, die Auswertung schriftlich zu formulieren oder Vorsätze für eigene Verhaltensänderungen zu fassen.

Durchführung

Alle Schüler erhalten je einen Briefumschlag sowie je einen Bogen Papier. Sie werden gebeten, für sich die vorgegebenen Fragen zu beantworten, z. B.

- Worüber habe ich mich im Projekt geärgert?
- Was habe ich vermißt?
- Worüber habe ich mich gefreut?
- Was will ich innerhalb der nächsten 3 Monate persönlich umsetzen?

Die ausgefüllten Bögen werden unterschrieben, in die Umschläge gesteckt, verschlossen und vom Lehrer eingesammelt. Nach einer mit der Gruppe vereinbarten Zeit, z. B. nach 3 Monaten, werden die Briefe den Schülern zugeschickt.

Anmerkungen

Immer, wenn es um persönliche Vorsatzbildung geht, kann diese Übung hilfreich sein. Im Sinne einer Selbstverpflichtung erhöht es die Verbindlichkeit der einmal getroffenen Vorsätze. Außerdem ermöglicht es den Schülern eine Auseinandersetzung der getroffenen Vorsätze mit Blockaden, die die Umsetzung im Alltag erschweren.

An diese Übung kann sich gut ein Auswertungsgespräch anschließen, da die Schüler durch das Niederschreiben gewissermaßen eingestimmt sind.

Die heißen Stühle

Bewegung ermöglichen	✓	viele Schüler einbeziehen	✓
niemanden ungewollt exponieren		Kommunikation ermöglichen	✓

Durchführung

Die Schüler sitzen im Stuhlkreis. Zwei sich gegenüber stehende Stühle haben eine besondere Bedeutung. Stuhl A ist der *Meckerstuhl,* und Stuhl B genau gegenüber ist der *Zufriedenheitsstuhl.* Wer auf einem der beiden Stühle sitzt, hat Gelegenheit, entweder etwas Kritisches zu sagen (Stuhl A), oder einen Aspekt hervorzuheben, der ihm persönlich besonders gut gefallen hat (Stuhl B). Wenn beide Personen ihre Stellungnahme abgegeben haben, stehen alle Schüler auf, ohne die Bemerkungen kommentiert und diskutiert zu haben und rücken im Stuhlkreis einen Platz weiter nach rechts. Dadurch bekommt jeder Gelegenheit, sich zu einer bestimmten Fragestellung (letzte Unterrichtseinheit, Klassenfahrt, etc.) kritisch oder zustimmend zu äußern.

Anmerkungen

Das Feedback soll beschreiben und keine moralischen Bewertungen oder Interpretationen enthalten. Es soll sich auf konkrete Einzelheiten beziehen.

Heben Sie bitte hervor, daß die Schüler sich kurz fassen. Kommentare oder Ergänzungen anderer Gruppenmitglieder sollen möglichst nicht zugelassen werden, sie können nach Abschluß der Übung gemacht werden. Die Schüler haben auch die Möglichkeit, nichts zu sagen, z. B. weil der betreffende Punkt bereits genannt wurde. Eine freie Gesprächsrunde kann die Übung abschließen.

Die Übung ist besonders gut geeignet für Gruppen bis max. 15 Personen. Bei größeren Gruppen dauert der Stuhlkreis zu lange und viele Aspekte wiederholen sich.

Donnerwetter

Bewegung ermöglichen	✓	viele Schüler einbeziehen	✓
niemanden ungewollt exponieren		Kommunikation ermöglichen	✓

Durchführung

In verschiedene Raumecken hängen Sie Zeichnungen mit Symbolen zu verschiedenen Wettersituationen: Sonnenschein, heiter bis wolkig, Nebel, Regen, Blitz und Donner.

Zu Aussagen des Spielleiters können die Schüler nun Stellung beziehen. Nachdem sie sich den Wetterecken zugeordnet haben, kann kurz über Motive der Zuordnung berichtet werden.

Mögliche Aspekte zum Thema Klassenfahrt:

- Wohlfühlen auf der Fahrt
  - Sonnenschein: ich habe mich wohlgefühlt.
  - Heiter bis wolkig: es war für mich so mittelmäßig und normal, aber insgesamt ok.
  - Nebel: ich weiß noch nicht recht, wie es für mich war.
  - Regen: ich habe mich weniger wohlgefühlt, kaum etwas Tolles erlebt.
  - Blitz und Donner: ich habe viel Streit und Ärger empfunden.

Zu anderen Aspekten wie z. B. der Besuch von Museen, die Freizeit für Schüler oder die Verpflegung lassen sich entsprechende Zuordnungen treffen.

Anmerkungen

Bitte bedenken Sie auch bei dieser Übung die möglichen gruppendynamischen Aspekte. Bei manchen Schülern ist es möglich, daß sie sich dem Gruppendruck folgend den Wettersymbolen zuordnen.

Variationen und Transfer

Sie können auch A4-Zettel anfertigen, auf denen alle vier Wettersymbole enthalten sind und an die Schüler verteilen. Zu der Aussage »Was ich noch zu der Klassenfahrt loswerden möchte« erhalten sie Gelegenheit, ihren Zettel auszufüllen, indem sie ihre Anmerkungen neben die Wettersymbole schreiben. Anschließend können die Zettel im Raum ausgehängt oder auch eingesammelt werden als schriftliche Rückmeldung für Sie.

Fragebogen zur Beurteilung von Lehrern

Bewegung ermöglichen		viele Schüler einbeziehen	✓
niemanden ungewollt exponieren	✓	Kommunikation ermöglichen	

Mit Hilfe von Fragebögen erhalten Sie in kurzer Zeit viele Informationen sowie einen Überblick über gemeinsame oder unterschiedliche Einschätzungen der Gruppe. In diesem Fragebogen soll es darum gehen, dem Lehrer eine Rückmeldung über seine Rolle und sein Verhalten zu geben.

Durchführung

Wir möchten Ihnen einige Hinweise zum Erstellen von Fragebögen geben:

- Fragen mit vorgegebenen Antworten zum Ankreuzen lassen sich viel schneller auswerten als offene Fragen. Manchmal ist als Ergänzung eine Zeile für Anmerkungen sinnvoll.
- Die Fragen müssen eindeutig formuliert werden, um individuelle Fehlinterpretationen zu vermeiden.
- Fassen Sie sich kurz. Das gilt sowohl für die Gesamtlänge des Fragebogens als auch für die Anzahl der Auswahlantworten zu einzelnen Fragen.
- Sichern Sie bei Bedarf Anonymität zu.
- Berichten Sie nach der Auswertung über die Ergebnisse und diskutieren Sie mögliche Konsequenzen.

Beispiel eines Fragebogens

Liebe Schülerinnen und Schüler,

es gehört zum Schulalltag, daß Sie regelmäßig von uns den Lehrerinnen und Lehrern beurteilt werden. Es ist seit einiger Zeit in vielen Betrieben üblich, die Fähigkeiten und Effizienz der leitenden Mitarbeiter zu beurteilen, um ihnen ebenfalls rückzumelden, wo ihre Stärken bzw. Schwächen liegen. Diese Rückmeldung soll als Hilfe verstanden werden, an möglichen vorhandenen Defiziten zu arbeiten und die Stärken noch weiter auszubauen.

Ich bitte Sie den Fragebogen in Ruhe und allein auszufüllen, denn Ihre persönliche Meinung ist mir wichtig. Vielleicht möchten Sie mich in einem Punkte loben oder tadeln, der nicht aufgeführt ist. In diesem Fall bitte ich Sie, Ihre Kritik in dem freien Feld unten zu notieren. Schreiben Sie, wenn Sie möchten, dann diesen ausformulierten Teil in Großbuchstaben, um eine größtmögliche Anonymität zu sichern.

ER steht in diesem Fall für den Lehrer, der Sie gerade befragt. Sie kann selbstverständlich auch eine Lehrerin sein.

Vielen Dank für Ihre Mitarbeit !

A) Unterrichtspraktische Gesichtspunkte

Er ist gut vorbereitet/plant sorgfältig.

1 = fast nie 2 = selten 3 = manchmal 4 = häufig 5 = fast immer ☐

Er setzt Medien, Gruppenarbeit, Schülervorträge usw. sachgerecht ein.

1 = fast nie 2 = selten 3 = manchmal 4 = häufig 5 = fast immer ☐

Sein Unterricht ist verständlich.

1 = fast nie 2 = selten 3 = manchmal 4 = häufig 5 = fast immer ☐

Sein Unterricht ist in der Regel ...

1 = öde 2 = etwas monoton 3 = durchschnittlich 4 = abwechslungsreich 5 = spritzig ☐

Er stellt zu hohe Ansprüche.

1 = im Gegenteil 2 = eher zu geringe 3 = manchmal 4 = häufig 5 = fast immer ☐

Seine Arbeitsanweisungen empfinde ich als klar und verständlich.
1 = fast nie 2 = selten 3 = manchmal 4 = häufig 5 = fast immer ☐

Bei ihm lerne ich ...
1 = nichts 2 = kaum etwas 3 = genug 4 = mehr als genug 5 = sehr viel ☐

B) Persönlichkeitsbezogene Kriterien

Er ist fachkompetent.
1 = fast nie 2 = selten 3 = manchmal 4 = häufig 5 = fast immer ☐

Sein Auftreten (Sprache, Bewegung, usw.) ist ...
1 = einschläfernd 2 = etwas monoton 3 = normal 4 = lebendig
5 = mitreißend ☐

Er ist verständnisvoll.
1 = fast nie 2 = selten 3 = manchmal 4 = häufig 5 = fast immer ☐

Er ist natürlich.
1 = fast nie 2 = selten 3 = manchmal 4 = häufig 5 = fast immer ☐

C) Soziale Gesichtspunkte, insbesondere Führungsverhalten

Er ermuntert Schüler, an unterrichtlichen Entscheidungen mitzuwirken.
1 = fast nie 2 = selten 3 = manchmal 4 = häufig 5 = fast immer ☐

Er legt Entscheidungskriterien offen.
1 = fast nie 2 = selten 3 = manchmal 4 = häufig 5 = fast immer ☐

Er mag Schüler.
1 = nein 2 = sie sind ihm eher egal 3 = mal ja, mal nein 4 = ja 5 = ja, sehr ☐

Er verbreitet Hektik und Streß.
1 = fast nie 2 = selten 3 = manchmal 4 = häufig 5 = fast immer ☐

Er erzeugt unangemessenen Leistungsdruck.
1 = fast nie 2 = selten 3 = manchmal 4 = häufig 5 = fast immer ☐

Er hört zu und geht auf Schülerbeiträge ein.

1 = fast nie 2 = selten 3 = manchmal 4 = häufig 5 = fast immer ☐

Er unterbricht Schüler, redet gern dazwischen.

1 = fast nie 2 = selten 3 = manchmal 4 = häufig 5 = fast immer ☐

Er interessiert sich für die Belange der Schüler.

1 = eher nein 2 = sind ihm meist egal 3 = mal ja, mal nein 4 = ja, oft
5 = ja, sehr ☐

Er macht deutlich, ob und warum ein Schülerbeitrag gut oder schlecht war.

1 = fast nie 2 = selten 3 = manchmal 4 = häufig 5 = fast immer ☐

Er motiviert durch Lob und Anerkennung.

1 = fast nie 2 = selten 3 = manchmal 4 = häufig 5 = fast immer ☐

Er kritisiert Fehler sachlich und angemessen.

1 = fast nie 2 = selten 3 = manchmal 4 = häufig 5 = fast immer ☐

Sein Verhalten bewirkt, daß sich die Schüler gelöst und entspannt fühlen.

1 = fast nie 2 = selten 3 = manchmal 4 = häufig 5 = fast immer ☐

Er beurteilt gerecht und objektiv.

1 = fast nie 2 = selten 3 = manchmal 4 = häufig 5 = fast immer ☐

Er verträgt Kritik und steht zu eigenen Fehlern.

1 = fast nie 2 = selten 3 = manchmal 4 = häufig 5 = fast immer ☐

Sein Unterrichtsstil führt zu Unruhe.

1 = fast nie 2 = selten 3 = manchmal 4 = häufig 5 = fast immer ☐

D) Fazit

Ich möchte den Lehrer behalten.

1 = fast nie 2 = selten 3 = manchmal 4 = häufig 5 = fast immer ☐

Ich wünsche mir Veränderungen
1 = nein 2 = nicht unbedingt 3 = egal 4 = ja 5 = unbedingt ☐

und zwar in folgenden Punkten: ....

....

....

Raum für weitere Anmerkungen, Lob, Kritik, Verbesserungsvorschläge etc. (benutzen Sie ggf. ein gesondertes Blatt).

....

....

Koordinatensystem

Bewegung ermöglichen	✓	viele Schüler einbeziehen	✓
niemanden ungewollt exponieren	✓	Kommunikation ermöglichen	

Durchführung

Hängen Sie zum Ende eines Unterrichtsabschnittes einen großen Bogen Wandzeitungspapier auf oder benutzen Sie einfach die Tafel. Zeichnen Sie

Beispiel

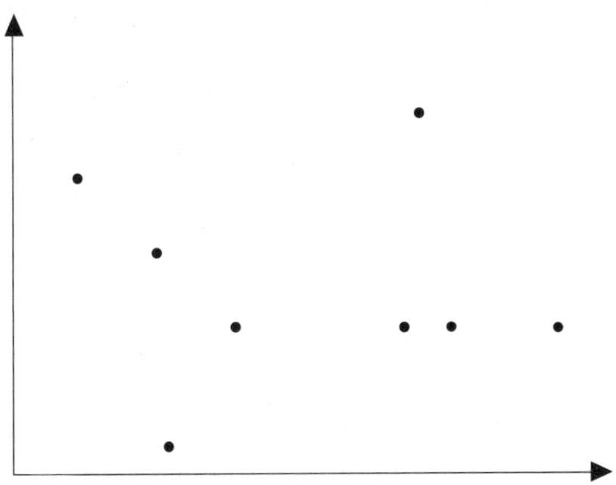

darauf ein Koordinatensystem mit einer x- und y-Achse. Die Koordinaten beschriften Sie mit je einer Aussage, zu der Sie die Meinung der Schüler erbitten. Beim Herausgehen soll jedes Klassenmitglied ein Kreuz an die Stelle im Koordinatensystem machen, die für ihn zutrifft. Sie erhalten dann in kurzer Zeit eine Rückmeldung, die Sie dann eventuell mit der Gruppe diskutieren können.

Anregungen zu weiteren Kriterien finden Sie in den anderen Methoden zur Auswertung.

Zielscheibe

Bewegung ermöglichen	✓	viele Schüler einbeziehen	✓
niemanden ungewollt exponieren	✓	Kommunikation ermöglichen	

Durchführung

Auf einem Bogen Wandzeitungspapier oder an der Tafel ist eine Zielscheibe vorbereitet. In die Sektoren der Zielscheibe notieren Sie diejenigen Aspekte des Unterrichts, über die Sie eine Rückmeldung wünschen. Die Schüler sollen nun mit dicken Filzschreibern, Kreide oder mit Klebepunkten ihre Bewertung zu den geforderten Kriterien vornehmen. Ist die Bewertung sehr positiv, so markiert man den Punkt nahe am Mittelpunkt der Zielscheibe. Bei einer mittleren Bewertung liegt der Punkt zwischen Kreismitte und Außenkreis. Eine sehr schlechte Bewertung liegt nahe dem Außenkreis.

Beispiel: Wie bewertet ihr unterschiedliche Aspekte der Klassenfahrt?

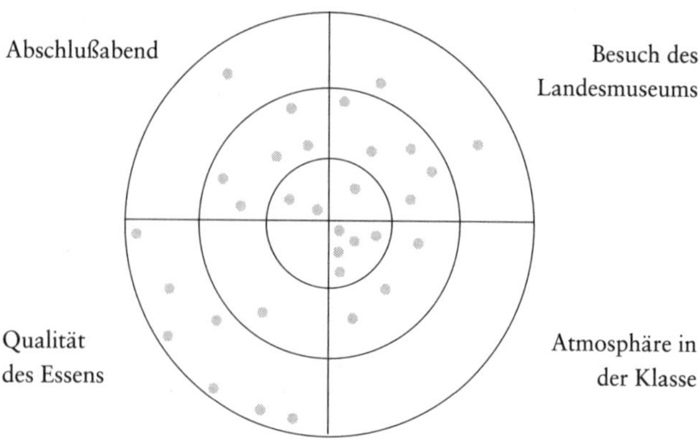

Anmerkungen

Die Art sowie die Anzahl der Bewertungskriterien ist variabel und kann auch von den Schülern mitbestimmt oder entwickelt werden. Die Ergebnisse geben einen raschen Überblick über Einstellungen und Stimmungen in und zu Zielsituationen. Eine hohe Streuung in der Bewertung ist sicherlich ebenso ein Grund zur Nachfrage wie ein durchgängig negatives Feedback.

Sie sollten bei der Durchführung bedenken, daß es zu Ergebnisverfälschungen kommen kann. Einzelne Schüler folgen manchmal einem Trend, so daß z. B. in einer durchgängig positiven Bewertung des Seminars vielleicht der eine Schüler mit negativen Eindrücken sich nicht traut, diese öffentlich vorzubringen. Aus diesem Grunde sollte am Ende immer Gelegenheit zur Rückmeldung und Diskussion gegeben werden, um auch Meinungen gegen den Trend zu hören. Um dies zu vermeiden, können Sie die Zielscheibe so aufhängen, daß eine anonyme Meinungsbildung möglich ist.

Variationen und Transfer

Die Anwendungsmöglichkeiten sind reichhaltig: z. B. Bewertung von Planungsvorhaben oder Feedback zum Unterricht oder Stellungnahme zu Haltungen oder Einstellungen.

2.4.7 Bewegen

Etwa 11000 Stunden sitzen Schüler im Laufe der ersten 10 Schuljahre auf meist unergonomischen und unbequemen Stühlen.

Bewegungspausen oder Methoden, die Bewegung ermöglichen, sind eine willkommene und sinnvolle Abwechslung im Unterrichtsgeschehen, da wir uns nur über einen begrenzten Zeitraum zu konzentrieren vermögen. Sie dienen dazu, das Herz-Kreislaufsystem anzuregen, sie motivieren, sie helfen Aggressionen abzubauen, sie richten uns manchmal nicht nur physiologisch wieder auf und ermöglichen im Anschluß eine höhere Bereitschaft und Fähigkeit zur Konzentration. Ein breites Spektrum an Übungen erleichtert es, diese der jeweiligen Zielgruppe und Unterrichtssituation anzupassen und die Akzeptanz dadurch zu erhöhen.

Alle auf einen Schoß

Bewegung ermöglichen	✓	viele Schüler einbeziehen	✓
niemanden ungewollt exponieren	✓	Kommunikation ermöglichen	

Durchführung

Die Schüler sitzen im Stuhlkreis und der Spielleiter steht in der Mitte. Der Spielleiter hat ein Kartenspiel (Skat- oder Romméblatt) in der Hand und teilt zunächst jedem Schüler eine Kartenfarbe zu (Karo, Herz, Pik, Kreuz). Danach deckt er die Karten nacheinander auf und liest die angezeigte Farbe laut vor. Ist diese Farbe z. B. Karo, so stehen alle »Karos« auf und setzten sich einen Platz weiter nach rechts. Dabei sitzen sie entweder auf dem Schoß einer anderen Person oder, falls der nächste rechte Stuhl frei ist, auf diesem freien Stuhl. Weiter geht es mit der nächsten Karte und der Zufall bestimmt, wer sich umsetzen darf. Es darf sich nur derjenige umsetzen, der auf einer Schoßschlange zuoberst sitzt. Das Spiel ist beendet, sobald ein Teilnehmer an seinem Ausgangsplatz wieder angekommen ist.

Anmerkungen

Obwohl dieses Spiel körperliche Nähe erfordert, lassen sich die meisten Gruppen darauf ein, da der spielerische Charakter im Vordergrund steht. Wenn man die Kartenfarbe nicht zuteilen möchte, kann vor Beginn des Spieles jeder Schüler aus dem Kartenstapel eine Farbe ziehen.

Variationen und Transfer

Wenn man möchte, kann man dieses Spiel auch mit Oberbegriffen und Zuordnungen spielen. Beispiel: Wortgeschlecht in Fremdsprachen (le/la, el/la etc.). Der Spielleiter liest dementsprechende Substantive vor, und die Schüler setzen sich gemäß ihres zugeteilten Geschlechts um (zur Erweiterung des Prinzips vergl. »Tortilla«).

Ballsalat

Bewegung ermöglichen	✓	viele Schüler einbeziehen	✓
niemanden ungewollt exponieren	✓	Kommunikation ermöglichen	

Durchführung

Alle Schüler stehen oder sitzen in einem möglichst großen Kreis. Der Spielleiter wirft nun einen Ball irgendeinem Mitspieler zu. Dieser wirft ihn dann zu einem anderen Teilnehmer. Das geht so lange, bis jeder Schüler einmal den Ball bekommen hat. Wichtig ist dabei, daß sich jeder Werfer merkt, wem er den Ball zugeworfen hat. Sinnvoll ist eine zweite Runde, um zu prüfen, ob jeder Schüler sich seinen Ballfänger gemerkt hat. Manchmal hilft auch das Nennen des Namens.

Wenn das klappt, kann es richtig losgehen. Der Spielleiter bringt den ersten Ball ins Spiel, nach einer kurzen Zeit folgt ein zweiter zusätzlicher Ball, dann ein dritter und vielleicht sogar noch ein vierter Ball.

Anmerkungen

In der ersten Runde ist es übersichtlicher, wenn der Ballwerfer sich sofort nach dem Werfen umdreht und aus dem Kreis nach außen blickt. Dann wird deutlicher, wer noch als Fänger zur Verfügung steht.

Verwenden Sie unterschiedlich große Bälle oder verschiedenfarbige Bälle. Bälle aus verschiedenen Materialien (z. B. Tennisball, Igelball, Softball, Jonglierball, Handball) steigern den Wahrnehmungseffekt und erschweren zudem das Spiel, da die Flugeigenschaften verschieden sind.

Lassen Sie das Spiel auf Zuruf rückwärts laufen.

Wir drücken Ihnen die Daumen, daß es nicht zu schnell zu dem Zustand kommt, den der Titel dieses Spiels ankündigt.

Ballwettrennen

Bewegung ermöglichen	✓	viele Schüler einbeziehen	✓
niemanden ungewollt exponieren	✓	Kommunikation ermöglichen	

Durchführung

Die Schüler sitzen oder stehen in einem engen Kreis, so daß Schulterkontakt entsteht.

Nacheinander zählen alle Personen nach dem Muster 1, 2, 1, 2, ... durch und bilden damit zwei Gruppen.

Eine Person aus der Gruppe 1 und die im Kreis etwa gegenüber sitzende Person aus Gruppe 2 bekommen je einen Ball. Auf Zuruf beginnen beide Parteien, den Ball in ihrer Gruppe rechts herum so schnell wie möglich weiterzureichen. Das Spiel ist beendet, wenn eine Gruppe mit dem Ball die andere eingeholt hat.

Anmerkungen

Der Spielleiter spielt nicht mit, sondern befindet sich außerhalb des Kreises. Auf seinen Zuruf »Wechsel« müssen die Gruppen die Laufrichtung des Balles ändern.

Bewegung auf dem Stuhl

Bewegung ermöglichen	✓	viele Schüler einbeziehen	✓
niemanden ungewollt exponieren	✓	Kommunikation ermöglichen	

Durchführung

Diese Übungsfolge wird auf dem Stuhl durchgeführt. Lassen Sie sich Zeit und führen Sie die Übungen bewußt ganz langsam durch. Machen Sie jede Übung dreimal. Die einzelnen Elemente sind:

- Setze Dich auf den vorderen Teil des Stuhls. Richte Deinen Oberkörper auf, so daß der Rücken gerade ist.
- Bewege den Kopf langsam nach vorn und in die Grundstellung zurück.
- Bewege den Kopf langsam waagerecht zur linken Seite und in die Grundstellung zurück.
- Bewege den Kopf langsam waagerecht zur rechten Seite und in die Grundstellung zurück.
- Recke die Arme soweit wie möglich nach oben und atme dabei tief ein. Beim Herunterlassen der Arme atmest Du langsam aus.
- Falte die Hände im Nacken und drehe den Oberkörper nach links und dann nach rechts.
- Beuge den Oberkörper aus dem Sitz auf der Stuhlvorderkante so weit wie möglich nach vorne, dabei streckst Du Deine Beine nach vorne und berührst die ausgestreckten Beine mit Deinen Händen.
- Falte die Hände wieder hinter dem Kopf und berühre mit dem linken Ellenbogen das rechte Knie bzw. umgekehrt.

- Bringe abwechselnd mit erhobenen Armen die Schultern rechts und links nach oben.
- Kreise die Schultern vorwärts und rückwärts. Versuche, die Schulterblätter hinten zusammenzuführen.
- Stehe auf und wippe mit geschlossenen Füßen auf und ab.

Anmerkungen

Mit diesen Übungen wird insbesondere die Muskulatur des Schulter- und Nackenbereiches angesprochen. Die Rückenmuskulatur wird gedehnt, das tiefe Einatmen angeregt. Am Schluß der Übungsfolge wird die Durchblutung der Beine gefördert.

Fingerakrobatik

Bewegung ermöglichen	✓	viele Schüler einbeziehen	✓
niemanden ungewollt exponieren	✓	Kommunikation ermöglichen	

Durchführung

Legen Sie die Hände mit den Handinnenflächen flach aneinander (Bethaltung). Kreuzen Sie jetzt abwechselnd die beiden Daumen so, daß mal der eine, mal der andere oben ist. Beginnen Sie langsam und werden dann immer schneller. Tun Sie jetzt dasselbe nacheinander mit jedem Fingerpaar.

Nehmen Sie nun Daumen und Zeigefinger gleichzeitig und kreuzen sie wie oben. Bestimmen Sie nun weitere Fingerpaare oder Trios, die sich kreuzenderweise bewegen sollen. Sie werden merken, daß manche Fingerkombinationen sich leichter, andere nur mit äußerster Konzentration koordiniert bewegen lassen.

Anmerkungen

Entscheidend ist hier nicht die Geschwindigkeit, sondern die gleichmäßig koordinierte Bewegung. Diese Übung läßt sich auch zu zweit gut durchführen, wobei die Partner abwechselnd bestimmen, was zu bewegen ist.

Franz sagt

Bewegung ermöglichen	✓	viele Schüler einbeziehen	✓
niemanden ungewollt exponieren		Kommunikation ermöglichen	

Diese Übung ist nicht nur für eine Bewegungspause geeignet, sondern sie stellt auch Anforderungen an die Konzentrationsfähigkeit.

Durchführung

Die Gruppe kann an den Tischen sitzen bleiben. Der Spielleiter gibt Anweisungen, die die Schüler umgehend ausführen sollen. Beim Zuruf »Franz sagt: Steht auf« stehen alle Teilnehmer sofort auf, beim Zuruf »Franz sagt: Berührt Euer linkes Ohr« berühren alle Schüler ihr linkes Ohr usw. Wenn allerdings die Einleitung »Franz sagt« weggelassen und nur »Steht auf« gesagt wird, so darf die angesagte Bewegung nicht ausgeführt werden. Dieser ständige Wechsel von Zurufen mit oder ohne »Franz sagt« macht den Reiz der Übung aus.

Wir haben für Sie einige mögliche Anweisungen zusammengestellt:

- aufstehen
- hinsetzen
- an die Nase fassen
- den linken Arm heben
- Augen schließen
- auf der Stelle laufen
- das linke Ohr berühren
- an das rechte Knie fassen
- den rechten Arm zum Boden führen
- am Kopf kratzen

Anmerkungen

Ermuntern Sie ihre Schüler, selbst einmal die Anweisungen zu geben und spielen Sie einfach mit. Übrigens wird es mit hoher Wahrscheinlichkeit vorkommen, daß Sie sich als Spielleiter einmal versehen und selber eine Bewegung ausführen, obwohl Sie gar nicht »Franz sagt« gesagt haben. Aber das macht nichts, alle werden ihren Spaß haben.

Gymnastik für »zwischendurch«

Bewegung ermöglichen	✓	viele Schüler einbeziehen	✓
niemanden ungewollt exponieren	✓	Kommunikation ermöglichen	

Folgende Übungen sind Anregungen für die kleine, eher funktionale Bewegungspause zwischendurch. Neben einer Aktivierung des Herz-Kreislaufsystems wird insbesondere die Schulter-, Hals- und Nackenmuskulatur angesprochen.

Durchführung

Die Schüler sitzen bequem auf ihren Stühlen und führen folgende Bewegungen durch.

Wackelpo
: im Sitzen von einer Pohälfte zur anderen wechseln

Heiße Platte
: mit aufrechtem Oberkörper im Wechsel aufstehen und hinsetzen

Venenpumpe
: abwechselnd vom Zehen- in den Fersenstand wechseln

Windmühle
: Schultern kreisen, die Arme hängen locker herab

Kirschen pflücken
mit den Händen abwechselnd nach oben greifen

Scheinboxen
auf der Stelle tänzeln und die Arme locker vor dem Körper schwingen

Skilanglauf
abwechselnd in die Knie gehen und dabei den Armschwung simulieren

Bauchtanz
die Bauchtanzbewegungen im Sitzen durchführen.

Mit dem Bauchtanz am Ende der Übungsfolge sitzen alle Schüler wieder auf ihren Stühlen und die Bewegungspause ist beendet.

Hand-Jive

Bewegung ermöglichen	✓	viele Schüler einbeziehen	✓
niemanden ungewollt exponieren	✓	Kommunikation ermöglichen	

Durchführung

Die Schüler sitzen mit etwas Abstand auf Stühlen im Kreis. Alle Personen führen im Rhythmus einer begleitenden Musik (z. B. Queen »I want to break free«, Dire Straits »Walk of life«, Cher »Shoop, shoop song« o. ä.) folgende Bewegungen aus:

- mit beiden Händen zweimal flach auf die Oberschenkel schlagen und danach zweimal in die Hände klatschen
- beide Hände mit dem Handrücken nach oben mit kurzen Seitenbewegungen zweimal überkreuzen, dabei ist die rechte Hand oben. Anschließend dasselbe mit der linken Hand oben wiederholen
- den linken Arm anwinkeln und mit der rechten Hand den linken Ellbogen berühren. Anschließend dasselbe seitenverkehrt durchführen
- beide Hände links vom Körper zum Boden führen, dann beide Hände rechts vom Körper zum Boden führen
- nach links verbeugen und dann nach rechts verbeugen und jeweils den Nachbarn freundlich anlächeln
- das linke und dann das rechte Bein einmal strecken und wieder absetzen
- aufstehen und wieder hinsetzen.

Und dann beginnt der Hand-Jive wieder von vorne.

Anmerkungen

Man kann die Bewegungen auch als »Kanon« tanzen. Dazu wird abgezählt (1, 2, 1, 2, usw.). Die Gruppe 1 beginnt und die Gruppe 2 setzt taktversetzt ein. Es ist vor allem für ungeübte Gruppen sehr hilfreich, wenn in jeder Gruppe eine mit dem Hand-Jive erfahrene Person sitzt, die die Reihenfolge beherrscht und an der sich die anderen Gruppenmitglieder orientieren können.

Klatschspalte

Bewegung ermöglichen	✓	viele Schüler einbeziehen	✓
niemanden ungewollt exponieren	✓	Kommunikation ermöglichen	

Durchführung

Die Gruppe stellt sich paarweise gegenüber in eine lange Reihe. Die Paare werden durchgezählt: A, B, A, B,... Im gleichmäßigen und langsamen

Rhythmus klatschen die A-Paare mit ausgestreckten Armen vor dem Bauch in die Hände, die B-Paare klatschen zum selben Zeitpunkt hinter dem Rücken in die Hände. Dieses geschieht immer im gleichen Takt und paarweise abwechselnd, d. h. die A-Paare klatschen beim nächsten Takt hinter dem Rücken und die B-Paare vor dem Bauch usw.

Die Personen des ersten Paares beginnen nun, nacheinander mit einigem Abstand vom Anfang bis zum Ende durch diese »Klatschspalte« durchzugehen, ohne daß sie von den Klatschenden berührt werden. Sind sie am Ende der Reihe angekommen, so stellen sie sich klatschend an, das nächste Paar geht hindurch usw.

Anmerkungen

Da die Klatschspalte sich durch das Neuanstellen bewegt, ist es wichtig, an einem Ende des Raumes zu beginnen und genügend Platz für die Entwicklung der Klatschspalte einzuplanen. Besonders gut geeignet sind dafür die Schulflure. Das Spiel macht nicht nur Spaß, sondern es wärmt auch angenehm die Hände.

Klatschwelle

Bewegung ermöglichen	✓	viele Schüler einbeziehen	✓
niemanden ungewollt exponieren	✓	Kommunikation ermöglichen	

Durchführung

Die Schüler stehen im Kreis und bewegen sich in Wellenform nach folgendem Prinzip:

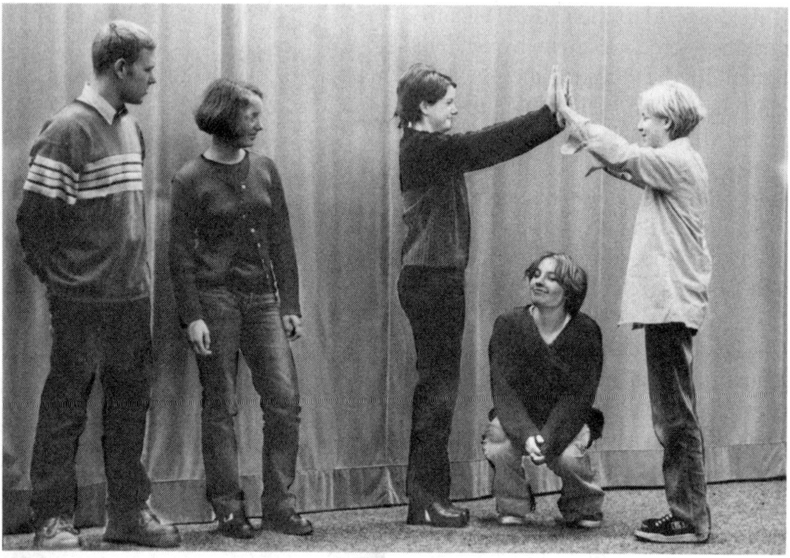

Zwei Schüler klatschen über dem mittleren Schüler in die Hände.

Der mittlere Schüler steht aus der Hocke auf und klatscht mit dem übernächsten Schüler in die Hände, der mittlere geht nun in die Hocke.

So geht es weiter. Der mittlere Schüler steht aus der Hocke auf und klatscht mit dem übernächsten Schüler in die Hände, der mittlere geht nun in die Hocke.

Anmerkungen

Zu Beginn sollte die Übung erläutert und langsam vorgemacht werden. Erst wenn die Schüler mit dem Ablauf vertraut sind, können mehrere Wellen (und für ganz Fortgeschrittene in entgegengesetzter Richtung) in Bewegung gebracht werden.

Koordinationsübungen

Bewegung ermöglichen	✓	viele Schüler einbeziehen	✓
niemanden ungewollt exponieren	✓	Kommunikation ermöglichen	

Vorbemerkungen

Das bewußt langsame Durchführen einer jeden Übung schult die koordinativen Fähigkeiten und den Gleichgewichtssinn. Unsere sämtlichen Bewegungen basieren auf der motorischen Koordination unseres gesamten Körpers. Das motorische Zentrum für unsere rechte Körperhälfte befindet sich in unserer linken Hirnhemisphäre und umgekehrt. Bereits vom ersten Tag unseres Lebens an »arbeiten« wir an der Verfeinerung unserer Bewegungsmuster. Manchmal geht es schnell und manchmal ist dieser Prozeß sehr mühsam. Gerade der Koordination von Hand und Auge kommt beim Lernen eine hohe Bedeutung zu. Schriftbilder zu erfassen und richtig wiederzugeben, sind immer wiederkehrende Bestandteile schulischer Arbeit. Daher scheint es angemessen, diese Fähigkeiten immer wieder zu trainieren und zugleich sozusagen als Vorbereitung oder Einstimmung auf eine Unterrichtsstunde unserem Gehirn ein wenig »Aufwärmtraining« für die weiteren unterrichtlichen Aufgaben zu gönnen.

Durchführung

Knie-Hand

In der Grundübung stehen die Schüler im Raum. Nun heben alle das linke Knie, gleichzeitig wird die rechte Hand zum linken Knie geführt und das Knie berührt. Anschließend heben alle Schüler das rechte Knie und führen die linke Hand zum rechten Knie, usw.

Die Übung sollte langsam ausgeführt werden. Es ist wichtig, daß der jeweils unbeschäftigte Arm zurückschwingt, damit die Gesamtbewegung wirklich

»Die liegende Acht«

harmonisch und koordiniert über Kreuz ausgeführt wird. Zur Steigerung kann jetzt das rechte Knie an den linken Ellenbogen und umgekehrt geführt werden. Auch hier sollte die Bewegung langsam ausgeführt werden. In einer Variation wird die rechte Hand langsam hinter dem Rücken an den gehobenen linken Fuß und umgekehrt geführt. Hier wird insbesondere das Gleichgewicht geschult.

Die liegende Acht

Beide Hände werden eng nebeneinander waagerecht vor der Brust ausgestreckt. Mit ihnen wird die Form einer großen liegenden Acht in die Luft gemalt. Die Augen verfolgen dabei die Fingerspitzen.

Storch

Das rechte Knie wird abgewinkelt und in die linke Kniekehle gelegt. Gleichzeitig wird der linke Arm auf die rechten Rippen gelegt. Wechseln.

Klopf-Kreis

Die Schüler stehen im Kreis. Eine flache Hand klopft auf den Kopf, die andere kreist vor dem Bauch. Wechsel.

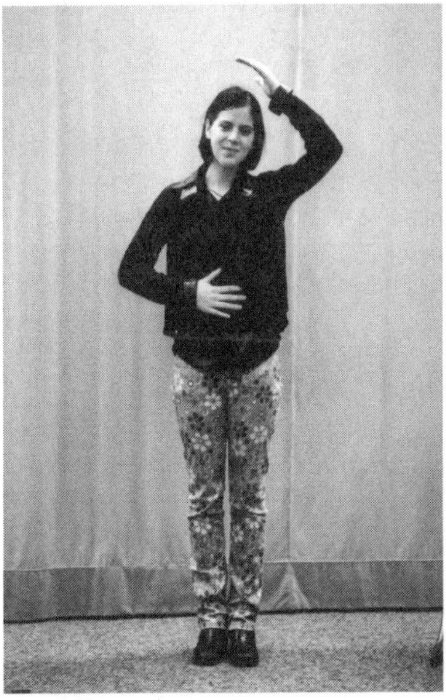

»Klopf-Kreis«

»Storch«

Arm-Bein-Koordination

Ein Bein wird angehoben und vollführt einen Kreis, während die entgegengesetzte Hand sich vor der Brust hebt und senkt.

Fingerknoten

Paare bilden sich. Ein Partner streckt die Arme aus und kreuzt die Arme, so daß die Handinnenflächen aneinanderliegen. Die Finger greifen ineinander, und die Hände werden dann nach innen zum Gesicht hereingedreht. Der Partner zeigt nun nacheinander auf einen Finger, der bewegt werden muß.

Klopfwelle

Zum Abschluß möchten wir Ihnen die Klopfwelle vorstellen. Die Schüler sitzen in einem engen Kreis um einen Tisch herum. Jeder legt nun seine rechte Hand auf den Tisch und dann seine linke Hand über die rechte Hand seines linken Nachbarn. Dann wird eine ›Welle‹ in Gang gesetzt: der erste Spieler hebt und senkt eine Hand kurz und klopft leicht auf den Tisch, die nächste rechte Hand führt dann die gleiche Bewegung aus und gibt damit den Klopf nach rechts weiter usw. Klopft ein Schüler zweimal, so ändert sich die Klopfrichtung. Wird eine Fehler gemacht, scheidet die betreffende Hand aus dem Spiel aus und wird auf den Rücken genommen. Dadurch ändert sich bei jedem Herausnehmen einer Hand die Reihenfolge der ›Welle‹.

2.4.8 Entspannen und Konzentrieren

Entspannungsübungen als kleine Pausen »für zwischendurch« können ohne besondere Vorbereitung eingesetzt werden. Vor allem nach intensiver und konzentrierter Arbeit sind sie eine willkommene Abwechslung. Für den Einsatz von Bewegungs- und Entspannungsübungen ist es hilfreich, flexibel je nach Gruppe und Situation zu entscheiden. Die Übungen müssen zu den Teilnehmern und zur Situation passen. Da manche Schüler diese Übungen als »Kinderkram« bewerten können oder bestimmte Stimmungen eine Teilnahme nicht zulassen, ist die Teilnahme grundsätzlich freiwillig.

Atemübungen

Bewegung ermöglichen	✓	viele Schüler einbeziehen	✓
niemanden ungewollt exponieren	✓	Kommunikation ermöglichen	

Unser wichtigster Atemmuskel ist das Zwerchfell. Bei der Brustatmung senkt sich das Zwerchfell nur wenig in den Bauchraum hinein, bei der Bauchatmung dagegen in einem viel stärkeren Maße, so daß sich der Brustkorb stärker weitet und die Lungen viel sauerstoffreiche Luft aufnehmen können. Gönnen Sie sich und Ihren Schülern im Schulalltag ein paar tiefe Atemzüge, um abzuschalten und sich zu erfrischen.

Wir möchten einige einfache Atemübungen vorstellen. Sie benötigen wenig Platz, dienen gleichzeitig dazu, die Schüler allmählich mit Entspannungstechniken vertraut zu machen und vermitteln in der Regel ein positives Gemeinschaftsgefühl.

Durchführung

Folgende Übungen sollten jeweils 3–5mal nacheinander durchgeführt werden.

- Stellt Euch paarweise voreinander. Einer hebt die ausgestreckten Arme seitlich nach oben bis über den Kopf, streckt sich und atmet dabei tief ein. Der andere Partner senkt seine Arme seitlich zur gleichen Zeit, läßt den Oberkörper nach vorn sinken und atmet dabei langsam aus. Wechsel.
- Beide Hände greifen eine vor Dir liegende imaginäre Axt und heben sie so hoch es geht über den Kopf. Dabei atmest Du tief ein. Anschließend läßt Du die Axt herabfallen, dabei atmest Du tief und langsam aus.

- Strecke Deine rechte Hand ganz weit nach oben, als ob Du einen Apfel pflücken wolltest, dabei atmest Du tief ein. Dann gehst Du in die Hocke und legst den gepflückten Apfel in einen seitlich neben Dir stehenden Korb, dabei atmest Du langsam aus. Dann wechselst Du die Hand.
- Stelle Dir einen kalten Wintertag vor. Die Scheiben sind vereist. Atme tief ein. Dann lasse den Atem langsam ausströmen, um die imaginären Eisblumen aufzutauen.
- Atme tief in den Bauch ein. Beim stoßweisen Ausatmen stellst du Dir eine alte Dampflok vor und sagst wie diese Dampflok »Sch – sch – sch ...«
- Du liegst mit zur Seite gestreckten Armen auf dem Rücken und schließt die Augen. Bei jedem Einatmen hebst Du die Arme ein wenig und hältst sie ruhig beim Ausatmen. Du hebst die Arme solange an, bis die Hände sich in der Senkrechten treffen. Dann läßt Du die Arme nach demselben Prinzip beim Ausatmen wieder sinken, bis beide Arme wieder auf dem Boden liegen. (je langsamer die Bewegungen ausgeführt werden, desto intensiver erleben die Schüler das Gefühl, ›niemals‹ oben anzukommen).

Augenübungen

Bewegung ermöglichen		viele Schüler einbeziehen	✓
niemanden ungewollt exponieren	✓	Kommunikation ermöglichen	

Im Unterricht werden gerade die Augen stark angestrengt. Nachfolgend sind drei Übungen zur Entspannung der Augen ausgewählt. Die Übungen sind nicht als systematisches Augentraining zu verstehen, sondern sie sollen die Entspannung und die Beweglichkeit der Augen fördern und als eine Möglichkeit zur Kurzentspannung im Unterricht dienen.

Palmieren

Die Schüler sitzen bequem an ihren Tischen und reiben die Handflächen aneinander, bis diese angenehm warm sind. Dann stützen sie sich mit den Ellenbogen auf die Tischplatte und legen die gewölbten Handinnenflächen so über die Augen, daß sich die Fingerspitzen auf der Stirn kreuzen. Dabei werden die Augen geschlossen. Nun kann man sich entspannen und den Atem ruhig und gleichmäßig fließen lassen, Geräusche oder Gerüche oder den Lufthauch wahrnehmen. Dabei soll nicht gesprochen werden. Nach 3–5 Minuten wird die Übung beendet. Die Teilnehmer atmen ein paar Male tief ein und aus, nehmen die Hände von den noch geschlossenen Augen, gewöhnen sich blinzelnd wieder an die Helligkeit, recken und strecken sich.

Nah-Fern-Sehen

Im Sitzen oder Stehen sollen die Schüler mit beiden Augen zunächst zu ihrer Nasenspitze schauen und dabei einatmen. Mit dem Ausatmen richten sie ihren Blick in die Ferne aus dem Fenster. Diese Übung sollte 5 – 10x wiederholt werden.

Schnurknoten

Sie benötigen dazu ca. 2 m lange Schnüre, auf denen Sie alle 25 cm einen Knoten machen. Als besonders angenehm haben sich dicke farbige Schnüre oder Seile erwiesen. Die Schüler stellen sich paarweise gegenüber und erhalten pro Paar eine Schnur, die sie zwischen sich gespannt halten. Nun richtet jeder Schüler seinen Blick auf den naheliegendsten Knoten (die Schnur scheint ein Kreuz zu bilden) und verweilt für einige Sekunden, dann weiter zum nächsten Knoten usw. und wieder zurück. Die Übung sollte mehrmals wiederholt werden.

Die 3-Minuten-Pause im Sitzen

Bewegung ermöglichen	✓	viele Schüler einbeziehen	✓
niemanden ungewollt exponieren	✓	Kommunikation ermöglichen	

Diese Entspannungsübung sollten Sie langsam und in der vorgeschlagenen Reihenfolge durchführen damit die drei Phasen »zur Ruhe kommen«, »leichte Bewegung« und »Abschluß« beibehalten werden. Das Erleben ist intensiver, wenn die Augen geschlossen sind.

Durchführung

Zur Ruhe kommen

- Setze Dich bequem hin und lege die Hände mit den Handinnenflächen nach unten auf die Oberschenkel. Sitze aufrecht, der Kopf befindet sich lotrecht über der Wirbelsäule.

- Wenn Du magst, schließe nun die Augen.
- Nimm' Deinen Atem wahr und atme natürlich weiter ein und aus.

Leichte Bewegung

- Bewege den Kopf waagerecht leicht nach links zur Schulter, dann zurück in die Mitte und dann nach rechts zur rechten Schulter. Wiederhole die Bewegung.
- Führe den Kopf leicht und vorsichtig nach vorne auf die Brust, dann zurück in die Mitte. Wiederhole die Bewegung.
- Verschränke die Hände über dem Kopf, wölbe die Handinnenflächen nach oben und strecke die Hände leicht nach oben. Atme dabei tief ein. Wiederhole die Bewegung.
- Senke die Hände und lasse sie langsam neben den Beinen zum Boden sinken, lasse dabei auch den Kopf hängen. Atme dabei tief aus. Dann kommst Du langsam Wirbel für Wirbel hoch und richtest Dich wieder auf. Wiederhole die Bewegung.
- Gehe wieder zurück in die Ausgangsstellung.

Abschluß

- Lege beide Hände auf den Bauch unterhalb des Bauchnabels und nimm' Deinen Atem einige Atemzüge lang wahr.
- Beende nun die Übung, indem Du die Arme anwinkelst und die Hände zur Faust ballst. Atme tief ein und öffne die Augen. Recke und strecke Dich.

Ich bin eine Marionette*

Bewegung ermöglichen	✓	viele Schüler einbeziehen	✓
niemanden ungewollt exponieren	✓	Kommunikation ermöglichen	

Unseren Vorschlag für die Durchführung finden Sie hier. Natürlich können Sie ihn, passend zu Ihrer Lerngruppe, verändern.

Durchführung

Du setzt Dich so auf Deinen Stuhl, daß Du aufrecht und etwa auf dem vorderen Stuhldrittel sitzt. Du sitzt bequem auf Deinem Stuhl. Achte auf Deinen Atem. Du atmest ruhig ein und aus (2 mal wiederholen). Mache alle Bewegungen, zu denen Du gleich angeleitet wirst, ruhig und langsam.

---

* in Anlehnung an F. Burow: Fit und stark fürs Leben.

Stelle Dir nun vor, Du bist eine Marionette und wirst von einem Marionettenspieler vorsichtig an den Fäden bewegt. Zuerst wird Dein Kopf am mittleren Faden leicht hochgezogen. Du sitzt nun gerade und bequem. Nun läßt der Marionettenspieler den Faden locker und Dein Kopf sinkt langsam nach vorne auf die Brust. Lasse den Kopf einen Moment hängen ... *Pause* (3–4 Sek.) ... Jetzt wird der Faden wieder angezogen, und Du hebst Deinen Kopf.

Als nächstes läßt der Marionettenspieler einen anderen Faden an Deinem Kopf los. Dein Kopf sinkt nach links in Richtung linke Schulter ... *Pause* ... Nun wird der Faden wieder angezogen, Du sitzt wieder gerade ... dann läßt Du den Kopf langsam zur rechten Seite sinken ... *Pause* ... Du hebst den Kopf wieder hoch.

Nun zieht der Marionettenspieler den Faden Deiner linken Schulter hoch, sie hebt sich fast bis zum linken Ohr ... und nun läßt Du wieder langsam locker und läßt Deine linke Schulter absinken. Nun zieht der Marionettenspieler den Faden Deiner rechten Schulter hoch, sie hebt sich fast bis zum rechten Ohr ... und nun läßt Du wieder langsam locker und läßt Deine rechte Schulter locker hängen. Nun werden beide Schultern angezogen bis zu den Ohren ... *Pause* ... Der Marionettenspieler läßt beide Fäden locker, so daß Du wieder bequem sitzt. Nun werden alle Fäden gelockert, so daß Du ganz langsam auf Deinem Stuhl zusammensinkst ... *Pause* ... Und nun werden alle Fäden angezogen, Du richtest Dich langsam auf, so daß Du wieder aufrecht und bequem sitzt und sich Dein Kopf gerade über Deinen Schultern befindet ... Bleib' noch eine Weile ruhig so sitzen, atme ruhig ein und aus ...

Nun beendest Du langsam die Übung, nimmst einen tiefen Atemzug, räkelst und streckst Dich. Du bist wieder Du selbst und keine Marionette mehr.

KIM-Übungen. Spiele zum Stillwerden, Wahrnehmen und Konzentrieren.

Bewegung ermöglichen	✓	viele Schüler einbeziehen	✓
niemanden ungewollt exponieren	✓	Kommunikation ermöglichen	✓

KIM-Spiele, die ihren Namen der Titelfigur eines Romans von Rudyard Kipling verdanken, üben konzentriertes Wahrnehmen und Unterscheiden. Man kann sie beinahe beliebig variieren und durchaus funktionell zu einem Unterrichtsthema einsetzen. Es gibt KIM-Spiele zum Sehen, Hören, Schmekken, Tasten, Riechen und natürlich auch zur Konzentration auf vorhandenes Wissen. Wir stellen Ihnen einige bewährte KIM-Spiele vor.

Ordnung muß sein

Ein Spielbrett, z. B. ein Schach- oder Mühle-Brett, wird auf den Tisch gestellt. Es kann auch ein auf ein Blatt Papier gemaltes Schachbrett sein. Darauf werden fünf bis zehn Spielfiguren, z. B. Korken oder Münzen verteilt. Die Auswahl der Gegenstände ist beliebig, kann aber durchaus mit einem Unterrichtsthema im engen oder weiteren assoziativen Sinn zu tun haben.

Alle Mitspieler haben nun gleich viel Zeit, sich das Ordnungsschema durch bloßes Anschauen einzuprägen. Danach wird das Spielbrett zugedeckt. Nun muß jeder eine Skizze des Bretts und der darauf angeordneten Gegenstände machen, die anschließend, wenn alle fertig sind, mit dem Original verglichen werden.

Das Spiel wird leichter, wenn nur das Ordnungsschema, nicht aber der tatsächliche ›Wert‹ der Spielsteine erinnert werden muß, d. h. es muß lediglich die Anordnung der Figuren richtig sein.

Geräusche erkennen

Die Mitspieler sitzen alle an ihren Tischen und bekommen Papier und Bleistift. Hinter einem Vorhang hat der Spielleiter Gegenstände bereitgelegt, mit denen er Geräusche erzeugen kann, z. B. ein Schlüsselbund, einen Ball, ein Lineal, einen Kamm usw. Die Spieler sollen die Geräusche, die sie erkannt haben, aufschreiben. Während der Geräuschdarbietung darf nicht gesprochen werden. Nach fünf bis zehn Geräuschen werden die Hörergebnisse der Spieler mit den tatsächlichen Geräuschen verglichen.

Relativ leicht erraten lassen sich z. B. folgende Geräusche: Ball hüpfen lassen, Stoff zerreißen, eine Flasche öffnen, Nüsse knacken, eine aufgeblasene Tüte zerknallen lassen, Papier zerreißen, die Alarmglocke der Armbanduhr betätigen. Schwerer zu erraten sind Geräusche wie Luftballon aufblasen, einen Fahrradreifen aufpumpen, mit Butterbrotpapier knistern, Wasser umgießen, mit Sandpapier auf einer Holzfläche schmirgeln. Die Geräusche, die erraten werden sollen, können auch zu Hause vorbereitet und in der Klasse durch einen Kassettenrecorder vorgespielt werden.

Sehende Hände

Alle Schüler sitzen mit geschlossenen Augen im Kreis. Der Spielleiter gibt einem Schüler einen Gegenstand in die Hand, den er ertasten soll. Jüngere Kinder können einen Ball, ein Tuch oder ein Buch erfühlen, ältere Kinder und Jugendliche können auch kompliziertere Geräte wie einen Fotoapparat oder einen Locher ertasten. Der Gegenstand wird ertastet und dann dem nächsten Schüler weitergegeben, bis alle diesen Gegenstand ertastet haben. Das »Ding« muß möglichst schnell schweigend von Hand zu Hand weitergegeben werden. Sobald es wieder beim Spielleiter angekommen ist, schreibt jeder Mitspieler auf, was er gefühlt hat. Nach einer vorher festgelegten Anzahl von Spielrunden werden die Ergebnisse vorgelesen und mit den tatsächlichen Gegenständen verglichen.

Diese Spielvariation fördert die Konzentration und macht Schülern besonders viel Spaß. Sie eignet sich deshalb besonders gut als Abschluß »ernsthafter« Arbeit.

Modespionage

Die Spielgruppe wird in zwei gleich große Gruppen aufgeteilt, jeder Spieler bekommt einen Partner. Die Spieler erfahren zunächst nicht, was sie später tun sollen, sondern erhalten nur den Auftrag, sich gegenseitig vorzustellen, sich zu unterhalten und dabei den Partner genau anzuschauen. Nach etwa drei Minuten wird jeweils ein Partner vor die Tür geschickt. Die im Zimmer zurückgebliebenen Spieler bekommen Papier und Bleistift und sollen möglichst genau aufschreiben, welche Kleidung ihr jeweiliger Gesprächspartner trug. Nachdem diese wieder hereingerufen wurden, werden die Modespionageberichte laut verlesen und mit der tatsächlichen Bekleidung verglichen. Je nachdem, was vor Spielbeginn vereinbart wurde, kann dann der zum Sieger erklärt werden, der die genaueste Beschreibung geliefert hat.

Was hat sich verändert?

Die Schüler sitzen im Kreis. Ein Spieler bekommt die Aufgabe, seine Mitspieler genau anzuschauen. Danach wird er vor die Tür geschickt. Während er draußen ist, wird bei zwei bis vier Spielern etwas verändert, z. B. eine Kette abgenommen, eine Frisur verändert, eine Jacke ausgezogen usw. Der Spieler wird wieder hereingerufen. Er muß nun versuchen, die Veränderungen zu entdecken.

Das Spiel wird leichter, wenn Veränderungen nur in einem bestimmten Bereich vorgenommen werden dürfen, z. B. nur am Kopf, nur am Oberkörper, nur an den Füßen usw., und wenn der Spieler die genaue Zahl der Abweichungen des ursprünglichen Bildes, nach denen er suchen muß, mitgeteilt bekommt.

Gedächtnisprobe

In dieser »Normalform« aller KIM-Spiele sollen sich die Spieler aus einer Vielzahl kleinerer Gegenstände möglichst viele merken. Der Spielleiter legt – je nach Alter der Mitspieler – 5 bis 20 kleine Gegenstände, z. B. Kuli, Bleistift, Radiergummi, Lineal, Teelöffel, Korken, Schere, Taschentuch, Schlüssel usw. auf einen Tisch. Jeder Mitspieler darf sie etwa zwei bis drei Minuten lang anschauen. Danach werden sie zugedeckt, und die Spieler müssen nun mitteilen, was sie behalten haben, indem jeder in einer vorgegebenen Zeit alle Gegenstände, die ihm noch einfallen, auf einen Zettel schreibt. Anschließend werden die Lösungen mit den tatsächlich vorhandenen Gegenständen verglichen. Handelt es sich nur um eine kleine Gruppe, kann nach und nach auch jeder Spieler seine Merkfähigkeit einzeln gründlich unter Beweis stellen. Bei dieser Variation müssen die Gegenstände natürlich für jeden Spieler verändert werden. An dieser Stelle kann man den Schüler den Hinweis geben, die Gegenstände z. B. als Mnemotechnik in eine Geschichte zu kleiden.

Massage mit dem Igelball

Bewegung ermöglichen		viele Schüler einbeziehen	✓
niemanden ungewollt exponieren	✓	Kommunikation ermöglichen	

Durchführung

Ein Partner legt sich auf den Bauch oder setzt sich so auf einen Stuhl, daß sein Rücken massiert werden kann, der Kopf kann dabei auf die Stuhllehne oder auf den Tisch gelehnt werden.

Du rollst den Igelball mit ruhigen, kleinen, kreisenden Bewegungen über die Muskelpartien von Schulter und Nacken, Rücken, Armen, bei Bauchlage auch Gesäß und Beine. Stimmt Euch anfangs über die Stärke des Druckes ab, danach sollte nicht mehr gesprochen werden.

Beende die Massage möglichst an dem Punkt, an dem Du angefangen hast. Als Schlußsignal drückst Du den Ball etwas stärker auf den Körper und

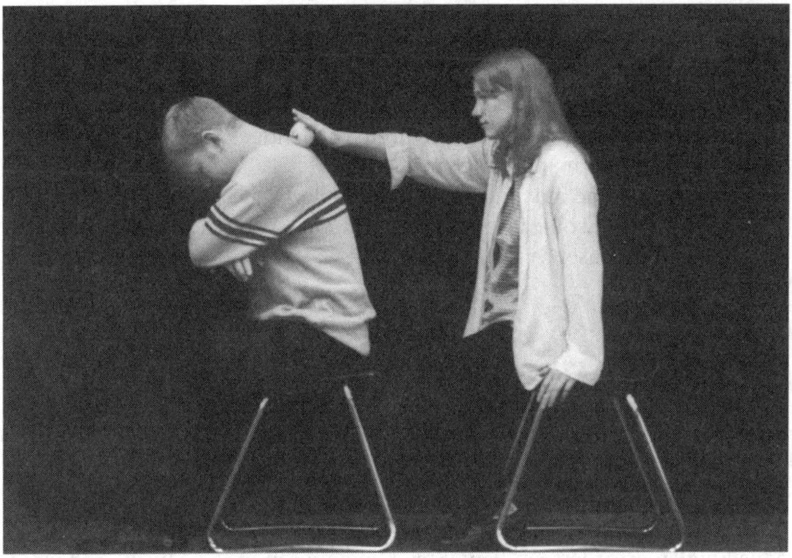

nimmst ihn dann weg. Danach kannst Du Dich von Deinem Partner verwöhnen lassen.

Anmerkungen

Denken Sie daran, nur die Muskeln zu massieren. Meiden Sie die Körperpartien um die Nieren, Ellenbogen, Kniegelenke und die Wirbelsäule. Hier wird eine Massage manchmal als unangenehm empfunden und verhindert den entspannenden Effekt. Die Übung verführt leicht dazu, mit zu schnellen Bewegungen zu massieren. Massieren Sie daher bewußt langsam, was auch durch eine passende Musik (z. B. »Air«, J. S. Bach) unterstützt werden kann. Die Übung erfordert ein vertrauensvolles Miteinander. Allerdings ist die Gefahr von zu großer Nähe eher gering, da der Ball als Medium zwischen den Partnern ist.

Variationen und Transfer

Anstelle des Igelballes, der in der Anschaffung zwischen 3 und 10 DM kostet, lassen sich auch Tennisbälle (z. B. abgespielte Trainingsbälle eines Vereins) verwenden. Falls Sie auf eine Partnermassage verzichten wollen, aber trotzdem den Igelball nutzen möchten, so bieten sich folgende kleine Übungen zur Selbstmassage an:

- Führe den Igelball in langsamen kreisenden Bewegungen von Deiner Hand über den Arm und die Schultern bis zum Nacken. Danach wechsle den Arm.
- Stelle Dich mit dem Rücken dicht vor eine Wand und klemme den Igelball zwischen Rücken und Wand. Durch vorsichtiges Bewegen kannst Du Rücken, Schultern und Gesäß massieren.
- Ziehe die Schuhe aus und setze oder stelle Dich hin. Lege den Igelball unter Deine Fußsohle und massiere den Fuß. Verändere den Druck. Anschließend wechsel den Fuß.

Musikmalen

Bewegung ermöglichen		viele Schüler einbeziehen	✓
niemanden ungewollt exponieren	✓	Kommunikation ermöglichen	

Musikmalen erfordert ein bewußtes Hineinhören in die Musik. Es fördert gleichermaßen Konzentration und Entspannung und kann helfen, Ärger und Streß abzubauen, weil es nicht zuletzt Gefühle und Bewegung stimuliert. Es geht bei dieser Form des Malens nicht um das gegenständliche Malen, sondern darum, daß die Schüler im Einklang mit der Musik und durch diese inspiriert den Stift auf dem Blatt schwingen lassen. Das Ergebnis sind fließende, oft kreisende und harmonische Bewegungen. Diese sind Ausdruck größerer innerer Ruhe. (vergl.: Niemeyer, W.)

Durchführung

Die Schüler sitzen an Tischen und haben ein möglichst großes Blatt Papier, Plakat o. ä. und verschiedenfarbige Wachsmalkreiden oder Buntstifte vor sich liegen. Jetzt wird Musik eingespielt, auf die sich alle Personen konzentrieren können. Zunächst soll die Musik wahrgenommen werden und auf die Atmung geachtet werden. Nach einiger Zeit beginnen die Schüler mit dem Spuren nach der Musik. Sie sollten die Schüler dadurch entlasten, daß nichts Gegenständliches von ihnen erwartet wird, sondern daß gerade die einfache, vom Rhythmus getragene Linienführung in Form von fließenden Bewegungen, wie sie z. B. Autoscooter auf dem Jahrmarkt machen können, wichtig ist.

Sie können auch insbesondere jüngere Schüler zur Musik ausmalen lassen. Danach kann ein Gespräch über die Bilder oder die Eindrücke beim Malen anschließen.

Anmerkungen

Musikmalen ist keine Therapie, verlangt jedoch Konzentration und hat vielfach entspannende Wirkung. Musikmalen kann prinzipiell an jeden Ort stattfinden und stellt wenig Anforderungen an die technische Ausrüstung. Die Musikstücke sollten eher ruhigen Charakter haben (hier nur einige Beispiele: Ballade pour Adeline/Schumann: Träumerei/Bach: Air/diverse Entspannungsmusiken). Sie sollten auch nicht zu lang sein, damit sie auch zur Entspannung innerhalb einer Schulstunde eingesetzt werden können.

Phantasiereise »Spaziergang durch den Herbstwald«

Bewegung ermöglichen		viele Schüler einbeziehen	✓
niemanden ungewollt exponieren	✓	Kommunikation ermöglichen	

Durchführung

(Hinführung)

Mache es Dir an Deinem Platz bequem ... setze oder lege Dich entspannt hin ... prüfe, ob Dich etwas stört: eine zu enge Gürtelschnalle, Portemonnaie ... wenn ja, so ändere dies ... schließe Deine Augen ... mache es Dir noch ein wenig bequemer ... Dein Atem geht ruhig und gleichmäßig ... mit jedem Ausatmen wirst Du ein wenig ruhiger und entspannter ... Du spürst, wie Du hier sitzt oder liegst und wie sich die Entspannung allmählich ausbreitet ... im Gesicht ... in den Schultern ... in den Armen und Händen ... die Spannung weicht aus Deinem Bauch ... aus den Beinen ... aus den Füßen ... und das ist ein angenehmes Gefühl ... Du bist entspannt ... gelöst ... gelassen ...

Es ist ein sonniger Herbsttag. Du befindest Dich in einem Wald. Du stehst auf einem Waldweg aus moosigem Grund. Du hast Zeit und Ruhe, Dich umzuschauen ...

Du siehst die Bäume um Dich herum, Nadelbäume und Laubbäume mit herbstlich gefärbtem Laub. Durch das Laubdach scheint die Sonne. Du kannst ihre angenehme Wärme auf Deiner Haut spüren ...

Nun schaust Du auf den Boden, auf dem Du stehst. Du siehst die Erde, das Moos, das Gras, die Pflanzen. Vielleicht riechst Du den Geruch der Erde ...

Gehe nun den Waldweg entlang, bis Du zu einem Baum gelangst, der Dir gefällt. Schau ihn Dir in Ruhe an, nimm' den Stamm und die Äste und Zweige wahr. Viele verschiedene Formen haben sie ... Schau' hinauf zur Krone. Die Blätter in verschiedenen Farben, sie bewegen sich ein wenig im leichten warmen Herbstwind ...

Gehe noch ein bißchen näher heran, bis Du den Stamm anfassen kannst. Fühle die Rinde des Baumes ...

Nun gehe ein wenig weiter auf dem Weg, schlendere ihn in aller Ruhe entlang. Du kannst das Gezwitscher von Vögeln hören ... vielleicht siehst Du auch einige Vögel am blauen Himmel ...

Weiter vorne siehst Du am Wegesrand eine Bank stehen. Nun gehst Du zur Bank ... sie sieht einladend gemütlich aus. Nimm' Platz auf der Bank, schau Dich in aller Ruhe um ... nimm' die Geräusche um Dich herum wahr ... genieße die warmen Sonnenstrahlen an einem schönen Herbsttag ...

Du sitzt auf der Bank und bist ruhig und entspannt ... (wiederholen)

(Rückführung)

Ganz langsam ... in Deinem Tempo ... beendest Du den Waldspaziergang ... Du kommst zurück in diesen Raum (lauter werden) ... nimm' ein paar tiefe Atemzüge ... bewege die Zehen und Finger ... bewege Arme und Beine ... lasse die Bewegungen größer werden ... dehne, recke und strecke Dich ... öffne die Augen, wenn sie geschlossen waren ... Du fühlst Dich erfrischt und ausgeruht.

Variationen und Transfer

Phantasiereisen können auch einen Rückblick anregen. Gute Erfahrungen haben wir damit gemacht, am Ende von Seminaren die Teilnehmer in Form einer gelenkten Phantasie durch das Seminar zu führen. Viele Aspekte der gemeinsamen Arbeit werden so wieder ins Bewußtsein gerufen. Daran kann sich eine gemeinsame Auswertung anschließen.

Der Weg der G. aus K. – eine Geschichte zum Thema »Verdauung von Kartoffelstärke«

Bewegung ermöglichen		viele Schüler einbeziehen	✓
niemanden ungewollt exponieren	✓	Kommunikation ermöglichen	

Wir möchten den Begriff der Phantasiereise etwas erweitern und ein weiteres Anwendungsfeld aufzeigen. Als Phantasiegeschichte, Reise im Kopf o. ä. können gut erzählte Geschichten auch in unterrichtliche Sachzusammenhänge eingebettet werden. Es ist zugegebenermaßen eine Abkehr von der klassischen Phantasiereise. Die Phantasiegeschichte ist in ein Thema integriert und kann zur Einführung in ein Thema oder zur Wiederholung genutzt werden. Sie macht sich die entspannte Atmosphäre und die Entspannung zunutze und setzt im übrigen auf die bildhafte Kraft der Geschichte, die vielfältige Assoziationen bei den Schülern freisetzen kann.

Das folgende Beispiel soll eine Anregung dazu sein. Es stammt von einer Kursteilnehmerin, die eine Geschichte zur Verdauung von Kartoffelstärke erfunden hat. Diese wurde zum Wiederholen und Festigen des Lerninhalts eingesetzt.

Durchführung

Es begann alles an einem strahlenden Sommertag, da wurde ich als Kind des Sonnenlichts geboren. Ich wurde auf den etwas exotisch klingenden Namen Glucose getauft, den ich anfänglich auch ganz prima fand. Aber nach und nach bemerkte ich, daß Glucose ein richtiger Modename zu sein schien, denn ich traf massenhaft Geschwister, die alle genauso hießen wie ich.

Das Schlimmste jedoch war, niemand schien uns so recht zu mögen oder für irgend etwas gebrauchen zu können. Wir wurden regelrecht abgeschoben, aus der Sonne verbannt und tief unter die Erde verfrachtet, um schließlich in rundlichen Verließen zusammengepfercht zu werden. Ich geriet in eine tiefe Existenzkrise. Aber aus gemeinsamer Not wächst bekanntlich Solidarität. Meine Geschwister und ich hatten uns alle ganz fest bei der Hand genommen und wir erlitten unser Schicksal gemeinsam. Wir schworen uns ewige Treue und uns niemals wieder loszulassen. Dabei fühlten wir uns unheimlich stark und wir kamen auf die Idee, uns die Stärketruppe zu nennen. Nichts sollte uns mehr trennen, keiner sollte je mehr alleine sein.

Das ging auch eine ganze Zeit lang gut, bis unser Lager – wir hatten inzwischen herausgefunden, daß es den Namen »Kartoffelknolle« trug – also alles ging gut, bis unser Lager bei einem großen Erdbeben aus der Tiefe emporgeschleudert wurde. Damit nicht genug, wenig später mußten wir auch noch eine gewaltige Hitzewelle über uns ergehen lassen, wodurch unser Lager völlig zerstört wurde. Die haben uns bei lebendigem Leibe gekocht! Aber wir haben es ihnen gezeigt, damit haben die nicht gerechnet, wir Geschwister hielten zusammen wie Pech und Schwefel. Nichts zu machen, wir trennen uns nicht!

Tja, was soll ich sagen, mit dem nächsten Anschlag haben wir einfach nicht gerechnet. Es wurde plötzlich dunkel und auf einmal so warm und feucht. Zwischen riesigen Mahlsteinen wurden wir hin und her geschleudert, nicht, daß uns das viel ausmacht, aber plötzlich packte uns etwas Unbekanntes und riß uns auseinander. Stellt Euch vor, unsere Stärketruppe begann auseinander zu fallen. Mit letzter Kraft gelang es mir, mich an meiner rechten Glukoseschwester zu klammern. Wenigstens uns beide sollten die nicht trennen. Schließlich stürzten wir zusammen eine lange, dunkle Röhre hinunter. Platsch! Wir landeten in einem unterirdischen See. Alles war hier ätzend und eklig schleimig. Aber uns beiden machte das eigentlich gar nicht viel aus. Wir hielten nur noch fester zusammen und ließen uns in der lauwarmen Flüssigkeit treiben. Wenn da nur nicht die anderen gewesen wären. Seltsame Geschöpfe konnten wir erkennen. Die sahen aus wie kleine Wollknäuel, bei näherem Hinsehen bemerkten wir, daß auch hier viele kleine, wenn auch sehr unterschiedliche Geschwister verzweifelt versuchten, sich an ihren Händen zu klammern und ihre Form zu wahren. Doch sie hatten keine Chance und wurden von etwas großem Unbekanntem auseinander gerissen, das es nur auf sie abgesehen zu haben schien. Nur noch einzelne, längliche Geschwisterketten blieben von ihnen übrig. Ein trauriger Anblick im Vergleich zu ihrer vorigen imposanten räumlichen Struktur. Wir hatten kaum Zeit nach ihren Namen zu fragen, sie gehörten, so weit ich recht verstanden habe, zur Proteinbande der Aminosäuren. Schon rauschten wir am Pförtner vorbei und befanden uns alle wieder in einer langen gewundenen Röhre, die aber diesmal von innen ganz zottelig aussah, wie ein zusammengerollter Flokati. Ja, und was soll ich sagen, hier gings uns allen an den Kragen. Meine Schwesterglucose, mit der ich fast mein ganzes Leben verbracht habe und mit der ich alles Leid geteilt hatte, wurde mir gnadenlos entrissen. Auch die Aminosäureketten zerfielen. Und selbst andere Wesen, die ich noch nicht kannte, wurden einfach von ihren Freunden und Geschwistern getrennt. Jeder war nun auf sich allein gestellt und mir kam der fürchterliche Verdacht, daß nun das Ende kam. Jetzt gehts dir an den Kragen.

Und so fällt es mir denn auch schwer, über den letzten Teil meiner abenteuerlichen Reise zu sprechen. Ich wurde, wie die anderen auch, durch winzige

Löcher in den Zotten der Röhrenwand gesogen und in einem Strom von hauptsächlich roten, ufoähnlichen Gebilden mitgerissen. Irgendwann, ich weiß nicht mehr wie, hat man mich in eine Art Zelle gesteckt. Etwas großes Unbekanntes kam auf mich zu, und ich verlor das Bewußtsein. Was damals genau geschah, entzieht sich meiner heutigen Kenntnis. Ich weiß nur, in meinem neuen, jetzigen Leben, welches ich wiederum der Gnade der Sonne zu verdanken habe, werd' ich mich höllisch vor diesen unbekannten Folterknechten, die alles auseinanderreißen und dabei genau zu wissen scheinen, auf wen sie es abgesehen haben, in Acht nehmen.

Fragen

1. Welcher Prozeß wird hier beschrieben?
2. Nenne Namen und Funktionen der beschriebenen Orte.
3. Wer durchläuft diese Orte?
4. Um wen handelt es sich bei den »unbekannten Folterknechten«?

Progressive Muskelentspannung (Kurzform)

Bewegung ermöglichen	✓	viele Schüler einbeziehen	✓
niemanden ungewollt exponieren	✓	Kommunikation ermöglichen	

Diese muskuläre Entspannung ist besonders leicht erlernbar. Das Prinzip besteht in der systematischen Anspannung der wichtigsten willentlich zu beeinflussenden Muskelgruppen und deren anschließender Lockerung und Entspannung. Der Begründer E. Jacobsen setzte diese Form der Entspannung in den 30er Jahren zu Therapiezwecken ein. Man lernt dabei, die Spannungsgrade der Muskelgruppen wahrzunehmen. Dazu vergleicht man den angespannten mit dem entspannten Zustand. Während der Anspannungsphase wird das Blut aus den Kapillaren der Muskeln gepreßt. In der nachfolgenden Entspannung erweitern sich die Blutgefäße, es fließt vermehrt Blut aus dem Körperinnern in Arme und Beine. Das ist der Grund für das oft empfundene Wärme- und Schweregefühl.

Durchführung

Führen Sie die folgenden Übungsbausteine jeweils zweimal durch, ehe Sie zur nächsten Übung wechseln.

- Setze Dich aufrecht so auf einen Stuhl, daß Dein Rücken hinten die Lehne berührt. Deine Fußsohlen haben Bodenkontakt. Deine Hände liegen lokker auf den Oberschenkeln. Die Schultern hängen locker herab, und der Kopf ist aufrecht direkt über der Wirbelsäule und dabei leicht nach vorn geneigt. Du kannst, wenn Du willst, die ganze Zeit die Augen geschlossen halten.

- Strecke jetzt beide Beine nach vorne und ziehe die Fußspitzen nach oben. Halte die Spannung in den Beinen (ca. 4 Sekunden). Setze jetzt langsam die Füße wieder ab und lasse alle Spannung aus den Beinen entweichen.
- Spanne nun Deine Gesäßmuskulatur an. Du wirst dabei etwas größer auf Deinem Stuhl. Halte die Spannung (ca. 4 Sek.) und lasse jetzt wieder alle Spannung entweichen.
- Atme ganz tief aus und ziehe dabei den Bauchnabel weit nach innen. Halte den Atem (ca. 4 Sek.) und atme jetzt ganz tief ein, lasse den Bauchnabel weit heraus und atme ruhig und entspannt weiter.
- Ziehe jetzt die Schultern hoch bis hin zu Deinen Ohren und atme dabei ganz tief ein (Atem kurz halten). Atme jetzt tief aus, lasse die Schultern langsam ganz tief sinken und atme ruhig und gleichmäßig weiter.
- Balle nun Deine Hände fest zur Faust, spanne die Muskeln Deiner Unterarme ganz fest an und halte die Spannung (ca. 4 Sek.). Lasse jetzt alle Spannung aus den Armen entweichen, öffne die Hände und lege sie locker auf die Oberschenkel.
- Wenn Du die Augen noch nicht geschlossen hast, dann schließe sie bitte jetzt. Spanne nun die Muskeln Deines Gesichtes an. Runzle die Stirn, kneife die Augen fest zusammen, presse die Lippen aufeinander und ziehe die Mundwinkel auseinander. Halte die Spannung (ca. 4 Sek.). Lasse jetzt alle Spannung aus dem Gesicht entweichen. Die Stirn ist glatt, die Augen leicht geschlossen, Zähne und Lippen berühren sich nicht mehr und die Zunge liegt locker im Mund.
- Lasse die Augen noch eine Weile geschlossen. Gehe in Gedanken noch einmal durch Deinen Körper und lasse alle Restspannung entweichen. Genieße die Ruhe und Entspannung. Wenn Du willst, begib Dich in Gedanken an einen Ort Deiner Wahl, an dem Du Dich wohlfühlst (ca. 1–2 Minuten).
- Beende nun die Übung, indem Du langsam in diesem Raum zurückkehrst. Nimm einen tiefen Atemzug, winkele die Arme an und balle die Hände fest zur Faust. Atme tief ein und öffne die Augen. Recke und strecke Dich und (falls die Schüler liegen) richte Dich langsam und möglichst über die Seite auf.

Anmerkungen

Wenn diese Übung für die Schüler neu ist, so sollte sie einmal ›trocken‹ mit ihnen durchgeführt werden, indem Sie den genauen Bewegungsablauf vorher einmal üben. Ferner ist es sinnvoll, die Übungsbausteine gleichzeitig in der ganzen Gruppe zu beginnen und beenden. Dies kann mit dem magischen Wort »jetzt« geschehen.

Variationen und Transfer

Wenn dies bereits eine eingeübte und akzeptierte Form der Entspannung ist, so kann sie auch vor Klausuren hilfreich sein. Im Anschluß daran, noch vor der Rücknahme der Übung, können kurz die Themen, mögliche Schwierigkeiten und Lösungshilfen angesprochen werden. Gleichzeitig können die Schüler in ihrem Wissen positiv verstärkt werden. Man kann z. B. an Unterrichtsbeispielen verdeutlichen, was und in welcher Form von den Schülern verlangt wird.

Reise durch den Körper

Bewegung ermöglichen		viele Schüler einbeziehen	✓
niemanden ungewollt exponieren	✓	Kommunikation ermöglichen	

Durchführung

Diese Übung können Sie im Sitzen durchführen, sie ist allerdings im Liegen wirkungsvoller. Machen Sie kurze Pausen zwischen den Fragen in der Reise.

(Hinführung)

Mache es Dir an Deinem Platz bequem ... setze oder lege Dich entspannt hin ... prüfe, ob Dich etwas stört: eine zu enge Gürtelschnalle, Portemonnaie ... wenn ja, so ändere dies ... schließe Deine Augen ... mache es Dir noch ein wenig bequemer ... Dein Atem geht ruhig und gleichmäßig ... mit jedem Ausatmen wirst Du ein wenig ruhiger und entspannter ... Du spürst, wie Du hier sitzt oder liegst und wie sich die Entspannung allmählich ausbreitet ... im Gesicht ... in den Schultern ... in den Armen und Händen ... die Spannung weicht aus Deinem Bauch ... aus den Beinen ... aus den Füßen ... das ist ein angenehmes Gefühl ... Du bist entspannt ... gelöst ... gelassen ...

Du wirst gleich gedanklich durch den Körper wandern, von dem Kopf bis zu den Füßen. Du liegst ruhig und achtest einige Züge auf die Atmung. Nun konzentriere Dich auf den Kopf. Wie fühlt sich die Kopfhaut an, genau dort wo die Haare herauswachsen? Ist die Stirn glatt oder kraus? Sind die Augen fest geschlossen oder leicht? Spürst Du die Nase und wie die Luft ein- und austritt? Sind die Lippen fest oder locker? Wie fühlen sich die Kiefer an? Was berührt die Zunge?

Ist Dein Hals angespannt oder locker? Kannst Du die Schultern spüren, berühren sie den Boden?

Nun wanderst Du in den rechten Arm. Wie fühlt er sich an? Falls Du ihn nicht fühlst, spanne ihn kurz und fest an (3 – 4 Sek.), dann lasse ihn locker. Laß' alle Spannung entweichen. Jetzt gehst Du durch den rechten Ellenbogen in den rechten Unterarm. Wo liegt er auf der Unterlage? Durch das Handgelenk wanderst Du in die rechte Hand – bis in jede Fingerspitze: Daumen, Zeigefinger, Mittelfinger, Ringfinger und kleiner Finger.

Du wanderst in Gedanken wieder hoch durch die Schultern in den linken Oberarm.

Falls Du ihn nicht fühlst, spanne ihn kurz und fest an (3 – 4 Sek.), dann lasse ihn locker. Laß' alle Spannung entweichen. Jetzt gehst Du durch den linken Ellenbogen in den linken Unterarm. Wo liegt er auf der Unterlage? Durch das Handgelenk wanderst Du in die linke Hand – bis in jede Fingerspitze: Daumen, Zeigefinger, Mittelfinger, Ringfinger und kleiner Finger.

Wie fühlt sich der Rücken an? Gehe ihn von oben Wirbel für Wirbel nach unten in der ganzen Breite durch. Spürst Du Deine Brust, wie sie sich hebt und senkt beim Atmen? Nun gehst Du weiter in den Bauch hinein. Ist er vielleicht eingeengt durch die Kleidung? Wie ist der Po? Angespannt oder locker?

Wandere nun in Gedanken durch das rechte Hüftgelenk in das rechte obere Bein. Wie fühlt es sich an? Falls Du es nicht fühlst, spanne die Muskeln des rechten Beines kurz und fest an (3 – 4 Sek.), dann lasse wieder locker. Laß' alle Spannung aus dem rechten Bein entweichen. Durch das Kniegelenk gelangst Du ins rechte untere Bein. Du spürst die Wade und das Schienbein.

Du wanderst nun durch das rechte Fußgelenk in den rechten Fuß. Wie fühlt er sich an, vom Hacken bis zu den Zehenspitzen?

Jetzt geht es das rechte Bein nach oben durch die Hüfte ins linke obere Bein. Wie fühlt es sich an? Falls Du es nicht fühlst, spanne die Muskeln des linken Beines kurz und fest an (3 – 4 Sek.), dann lasse wieder locker. Laß' alle Spannung aus dem linken Bein entweichen. Durch das Kniegelenk gelangst Du ins linke untere Bein. Du spürst die Wade und das Schienbein. Du wanderst nun durch das linke Fußgelenk in den linken Fuß. Wie fühlt er sich an, vom Hacken bis zu den Zehenspitzen?

Du fühlst den Körper in der gesamten Länge und Schwere. Genieße den Zustand eine Weile und spüre dem Atem nach.

(Rückführung)

Ganz langsam ... in Deinem Tempo ... beendest Du die Übung ... Du kommst zurück in diesen Raum (lauter werden) ... nimm' ein paar tiefe Atemzüge ... bewege die Zehen und Finger ... bewege Arme und Beine ... lasse die Bewegungen größer werden ... dehne, recke und strecke Dich ... öffne die Augen, wenn sie geschlossen waren ... falls Du liegen solltest, richte Dich langsam und möglichst über die Seite auf ... Du fühlst Dich erfrischt und ausgeruht.

Rückenmalen

Bewegung ermöglichen		viele Schüler einbeziehen	✓
niemanden ungewollt exponieren	✓	Kommunikation ermöglichen	✓

Dies ist eine ruhige, entspannende und gleichermaßen konzentrationsfördernde Übung. Die Wahrnehmung der taktilen Reize und deren Entschlüsselung auf bestimmte Fragestellungen hin schafft eine besondere Nähe zum Thema. Die Schüler müssen sich auf die richtige Ausführung konzentrieren und setzen sich intensiv mit der Aufgabe und der Lösung auseinander.

Durchführung

Die Schüler bilden Paare und setzen sich hintereinander. Ein Partner malt dem anderen mit dem Finger auf den Rücken.

- Zahlen, die dann in der Fremdsprache benannt werden sollen
- einfache Mathematikaufgaben, die gelöst werden sollen
- Computerbefehle, die erläutert werden sollen
- neu gelernte Wörter in der Fremdsprache, die übersetzt werden sollen
- Formeln, chemische Begriffe
- fremdsprachliche Endungen, die den Sinn verändern (Singular und Plural im Französischen, Endungen im Lateinischen, usw.)

Anmerkungen

Zahlen und Buchstaben sollten nicht in Schreibschrift, sondern einzeln in Druckbuchstaben und GROSS geschrieben werden.

Wetter fühlen

Bewegung ermöglichen		viele Schüler einbeziehen	✓
niemanden ungewollt exponieren	✓	Kommunikation ermöglichen	

Durchführung

Ein Partner legt sich auf den Bauch oder setzt sich so auf einen Stuhl, daß sein Rücken massiert werden kann, der Kopf kann dabei auf die Stuhllehne oder auf den Tisch gelehnt werden. Erzählen Sie eine kleine Geschichte und machen Sie z. B. mit den Schülern einen kleinen Spaziergang durch einen Park. Dabei wechselt das Wetter, und zu den unterschiedlichen Wettersituationen führen die Schüler auf dem Rücken ihres Partners verschiedene massierende Bewegungen aus. Beenden Sie den Spaziergang bei Sonnenschein, da durch das Auflegen der Hände auf den Rücken eine angenehme Wärme empfunden wird.

Beispiele für Wettersimulationen:

- feiner Nieselregen: ganz leicht mit den Fingerspitzen den Rücken massieren
- heftiger Regen: einen kräftigeren Druck mit allen Fingern ausüben und trommeln
- Wind: den Oberkörper des Partners leicht hin und her bewegen
- Regenschauer: mit den Händen kräftig von den Schultern den Rücken herabstreichen
- Hagel: Daumen, Zeigefinger und Mittelfinger zusammendrücken und kräftig den Rücken massieren
- Sonnenschein: beide Hände auf den Rücken legen und nicht mehr bewegen.

Eine von vielen möglichen Geschichten könnte folgendermaßen lauten: Stelle Dir vor, Du gehst in einem Park (Grunewald, Maschpark, Bürgerpark, Englischer Garten etc.) spazieren. Die Sonne scheint und ein angenehm warmer Wind weht. Hörst Du, wie die Blätter im Wind rauschen? Am Himmel sind kleine weiße, aber auch einige graue Wolken zu sehen. Langsam kommen die grauen Wolken näher und ein leichter Nieselregen beginnt. Hörst Du die Tropfen, wie sie auf die Blätter prasseln? Der Regen wird jetzt immer stärker, aber nicht unangenehm, weil er angenehm erfrischend und warm auf Deinen Rücken fällt. Spürst Du die Tropfen auf Deinem Gesicht? Der Regen wird jetzt ganz heftig und ein angenehm warmer Strom ergießt sich jetzt über Deinen Rücken. Der heftige Wind bläst jetzt allmählich die grauen Wolken fort. Die Luft riecht nach feuchter Erde, und die letzten Tropfen fallen lautstark von den Blättern. Ganz allmählich kommt die Sonne wieder zum Vorschein. Du beendest Deinen Spaziergang im Sonnenschein und kehrst zum Ausgangspunkt zurück. Nun beendest Du den Spaziergang und befindest Dich wieder im Klassenraum.

Anmerkungen

Setzen Sie sich als Anleitender so hin, daß die anderen massierenden Schüler Sie gut sehen können, um Ihre Bewegungen nachzuahmen.

Hetzen Sie nicht durch den Park, sondern machen Sie ausreichend lange Pausen, damit die verschiedenen Berührungsreize auch intensiv gespürt werden können.

Falls Ihnen der Spaziergang zu kurz vorkommt, so können Sie durchaus einzelne Wettersituationen wiederholen.

Variationen und Transfer

Es gibt viele schon veröffentlichte Geschichten. Hier nur einige Beispiele zum kreativen Ausgestalten:

- Der Rücken ist ein Zoo. Die Gehege öffnen sich um Mitternacht und die verschiedenen Tiere Elefant, Spinne, Maus, Bär, Känguruh usw. treffen sich. Hier können Schüler ihrer Phantasie freien Lauf lassen und Tiere und Bewegungen, solange sie angenehm sind, einbringen.
- Sie backen auf dem Rücken eine Pizza. Sie kneten den Teig, rollen ihn aus, schneiden die Zutaten, belegen den Teig, streuen Käse drauf, geben alles zum Gehenlassen in den Ofen und genießen den Duft.

2.4.9 Spiele

Spiele sollen Spaß machen. Sie lassen den Alltagsstreß des Unterrichtes vergessen und motivieren durch den manchmal vorhandenen Wettbewerb, auch oder gerade dann, wenn ein Spiel in das Unterrichtsthema eingebunden ist.

Spiele sind auch Gelegenheit, soziale Kompetenzen zu entwickeln und zu üben. Der Wettbewerbscharakter vieler Spiele bringt es mit sich, daß es am Ende Gewinner und Verlierer gibt. Beide Rollen verantwortungsbewußt einzunehmen und »mit Anstand« zu verlieren oder auch zu gewinnen, ist ein elementarer Aspekt sozialen Lernens in der Schule. Auch der Lehrer kann von den Schülern in einer anderen Rolle wahrgenommen werden, wenn er denn die Möglichkeit wahrnimmt und mitspielt. Auch er weiß und kann nicht alles und gibt ein Beispiel für einen Gewinner oder Verlierer.

Manche Spiele ermöglichen das Arbeiten in kleinen Gruppen und können von den Schülern selbst vorbereitet werden. Viele der im folgenden Kapitel vorgestellten Übungen helfen die Bindung und Festigung innerhalb einer Gruppe zu fördern. Sie schaffen Kontakte ohne allzu große Nähe und können gleichermaßen dazu dienen, Außenseiter stärker zu integrieren.

Affe, Elefant, Palme

Bewegung ermöglichen	✓	viele Schüler einbeziehen	✓
niemanden ungewollt exponieren		Kommunikation ermöglichen	

Durchführung

Die Schüler stehen im Kreis. Eine Person in der Kreismitte dreht sich mit geschlossenen Augen und einem nach vorn ausgestrecktem Arm. Sie darf willkürlich stehenbleiben und die Augen öffnen. Dabei zeigt sie auf irgendeine Person im Kreis und ruft »Affe«, »Elefant« oder »Palme«. Die betroffene Person stellt nun möglichst schnell zusammen mit dem jeweils linken und rechten Nachbarn die Begriffe dar, indem sie folgende Positionen einnehmen:

Affe (Foto S. 154 oben)
- linker Nachbar: Hände vor dem Mund
- ausgewählte Person: Hände vor die Augen
- rechter Nachbar: Hände über die Ohren

Palme (rechtes Foto)

- linker Nachbar: nach links drehen und mit ausgestreckten Armen wedeln
- ausgewählte Person: beide Arme nach oben strekken
- rechter Nachbar: nach rechts drehen und mit ausgestreckten Armen wedeln

Elefant (Foto S. 155)

- linker Nachbar: zur mittleren Person drehen und mit beiden Armen ein großes Ohr formen
- ausgewählte Person: mit einer Hand an die Nase fassen und die andere Hand »durchstrecken« zum Rüssel

- rechter Nachbar: zur mittleren Person drehen und mit beiden Armen ein großes Ohr formen.

Die Person, die die falsche Position einnimmt, stellt sich in die Kreismitte.

Anmerkungen

Das Spiel hat eine hohe Dynamik. Daher müssen die verschiedenen Bewegungen auf den unterschiedlichen Positionen vorher klar beschrieben und möglichst einmal außerhalb jeglichen Wettbewerbs durchgeführt werden.

Die Figuren, die dargestellt werden sollen, sind beliebig veränderbar und der Kreativität überlassen. Von der Waschmaschine (die beiden Nachbarn bilden einen Kasten, indem sie sich in Schulterhöhe anfassen und die mittlere Person in der Hocke die Hände kreisen läßt) über das Polizeiauto (der rechte Nachbar hält ein Lenkrad, die ausgewählte Person läßt eine Hand über dem Kopf kreisen und sagt »tatütata«, der linke Nachbar hält die Kelle heraus) bis hin zu Standbildern zu unterschiedlichen unterrichtlichen Themen.

Grummel – Grummel

Bewegung ermöglichen	✓	viele Schüler einbeziehen	✓
niemanden ungewollt exponieren	✓	Kommunikation ermöglichen	

Durchführung

Für dieses Spiel sollten die Schüler so sitzen, daß sie unter der Bank einen kleinen Gegenstand zum Nachbarn weiterreichen können. Alle Mitspieler haben die Hände unter dem Tisch. Der Spielleiter gibt z. B. eine Münze in Umlauf. Dieses Geldstück muß nun von Hand zu Hand unter dem Tisch weitergereicht werden. Der Spielleiter muß herausfinden, wer gerade das Geldstück besitzt. Dazu kann er Ansagen machen, und alle Schüler müssen auf Zuruf vereinbarte Bewegungen ausführen. Derjenige, bei dem die Münze gefunden wird, muß in der nächsten Runde die Ansagen machen. Unsere Beispiele für Bewegungen:

- Grummel-Grummel:
  Die Hände bleiben unter dem Tisch (das Geldstück kann nur in dieser Spielphase weitergereicht werden).
- Eric Clapton:
  Alle spielen Gitarre, indem sie die entsprechenden Bewegungen durchführen.
- Huf:
  Die Fingerspitzen aneinanderführen und mit beiden Händen nebeneinander auf den Tisch klopfen, so daß es sich wie Pferdegetrappel anhört.
- Doppelhuf:
  Wie Huf, nur sind beide Hände übereinander gelegt.
- Louis Armstrong:
  Alle Schüler spielen Trompete.

Gruppenknobeln

Bewegung ermöglichen	✓	viele Schüler einbeziehen	✓
niemanden ungewollt exponieren	✓	Kommunikation ermöglichen	✓

Durchführung

Diese witzige Variation des altbekannten Spiels ›Stein–Messer–Papier‹ läßt sich gut zur Auflockerung einsetzen. Die Schüler bilden dazu zwei Gruppen. Außerdem gibt es einen Spielleiter. Die Gruppen stehen sich gegenüber und müssen auf Zuruf des Spielleiters innerhalb kurzer Zeit eines der folgenden Symbole darstellen:

- Prinzessin: Hände am Rockzipfel fassen
  Sie bezirzt den Ritter und siegt damit über ihn.
- Ritter: Das Schwert ziehen
  Er tötet den Drachen und siegt damit über ihn.

- Drachen: beide Hände seitlich heben und ganz böse dreinschauen. Er frißt die Prinzessin und siegt damit über sie.

Lassen Sie jeweils nur sehr kurze Zeit zum Gruppenentscheid. Dann stellen alle Gruppenmitglieder auf Zuruf ihre Figur pantomimisch dar. Das Symbol wird von den Gruppen frei gewählt. Nach jeder Spielrunde bekommt die siegreiche Gruppe einen Punkt. Wer zuerst 10 Punkte erreicht hat, ist Gewinner.

Gruppenknoten

Bewegung ermöglichen	✓	viele Schüler einbeziehen	✓
niemanden ungewollt exponieren	✓	Kommunikation ermöglichen	

Durchführung

Die Schüler stellen sich zu einem engen Kreis, so daß die Schultern sich berühren. Alle sollten vertrauensvoll die Augen schließen. Jeder Mitspieler streckt seinen rechten Arm in die Kreismitte, faßt irgendeine andere Hand und hält diese fest. Dann streckt er seinen linken Arm in die Kreismitte und faßt wiederum eine andere Hand. Wer noch keine Partnerhand hält, kann

mit dem Finger schnippen, das erleichtert das Finden der Hände. Wenn alle Hände sich gefunden haben, können die Schüler die Partnerhand bewußt wahrnehmen (Hand eines Jungen oder eines Mädchens? Hände von verschiedenen oder der gleichen Person?). Dann öffnen alle Schüler die Augen und versuchen den Knoten zu entwirren, ohne die Hände loszulassen.

Anmerkungen

Es sollte eine Gruppe mit gerader Anzahl (eventuell machen Sie einfach mit) und maximal 16 Personen sein. Die meisten Teilnehmer sind immer wieder überrascht, daß der Knoten sich mit etwas Geduld übrigens meist, jedoch nicht immer auflösen läßt.

Nummern klatschen

Bewegung ermöglichen	✓	viele Schüler einbeziehen	✓
niemanden ungewollt exponieren		Kommunikation ermöglichen	

Durchführung

Alle Schüler sitzen im Kreis und bekommen fortlaufend Nummern von Eins beginnend zugewiesen. Jeder Mitspieler merkt sich seine persönliche Zahl. Nun beginnt das Spiel. Alle Schüler schlagen im langsamen gleichmäßigen Rhythmus einmal mit beiden Händen auf die Oberschenkel, klatschen danach einmal vor dem Körper in die Hände und schnipsen dann je einmal mit dem rechten und einmal mit dem linken Daumen. Dieser Rhythmus im 4/4-Takt (Schenkel – Hand – Finger – Finger) wird ganz kontinuierlich beibehalten. Der Spielleiter beginnt und nennt beim Schnipsen mit der rechten Hand seine eigene Zahl (z. B. 7) und beim anschließenden Schnipsen mit der linken Hand die Zahl irgendeines Mitspielers (z. B. 15). Der so angesprochene Mitspieler muß dann im nächsten Takt genauso verfahren, also zuerst seine eigene Zahl nennen und anschließend die Zahl eines anderen Mitspielers. Und so weiter ...

Anmerkungen

Dieses Spiel klingt sehr einfach. Die Praxis zeigt aber, daß es von allen Mitspielern ein hohes Maß an Konzentration und Koordination erfordert. Wenn alles gut klappt, können Sie die Anforderung erhöhen, indem Sie langsam, aber stetig die Klatschfrequenz erhöhen.

In manchen Gruppen gibt es Personen, die Probleme mit diesen Koordinationsbewegungen haben. Dann brechen Sie das Spiel ab.

Zum Kennenlernen kann man mit diesem Spiel auch die Namen festigen. Dann bekommen die Mitspieler keine Zahlen zugewiesen, sondern werden mit ihren Namen aufgerufen.

Verflixte 7

Bewegung ermöglichen		viele Schüler einbeziehen	✓
niemanden ungewollt exponieren		Kommunikation ermöglichen	

Durchführung

Die Schüler sitzen im Kreis und sollen reihum bei Eins beginnend abzählen. Ist jemand an der Reihe bei einer Zahl, die z. B. durch 7 teilbar ist, so sagt er diese Zahl nicht, sondern klatscht in die Hände. Bei jedem Fehler beginnt es wieder bei der Zahl 1.

Man kann als zusätzliche Hürde alle Zahlen einschließen, in denen eine 7 vorkommt (17, 27, ...). Erschwerend ist es außerdem, wenn nach jedem Klatsch die Zählrichtung wechselt.

Anmerkungen

Demonstrieren Sie einmal das Spielprinzip. Man kann einen Gruppenwettbewerb daraus machen. Dabei sollte darauf geachtet werden, daß es in den Gruppen keinen Regisseur gibt. Die Gruppen sollten aus 5–8 Personen bestehen, so daß jeder möglichst oft an die Reihe kommt.

Man kann dieses Spiel beliebig für unterschiedliche Teiler variieren. Natürlich ist dieses Spiel wie auch »21-raus« hervorragend zum Festigen von Zahlen im Fremdsprachenunterricht einsetzbar.

Ein hohes Maß an Konzentration erfordert die Variante »KING KONG«. Bei den 5er-Teilern sagt man »KING« und bei den 7er-Teilern »KONG«, bei durch 5 und 7 gleichzeitig teilbaren Zahlen (35, 70) »KING KONG«.

Auch hier wechselt nach jedem »KONG«, jedoch nicht nach »KING«, die Zählrichtung.

Mit Sicherheit wird es zu Fehlern kommen. In einer kurzen Nachbesprechung können die Gründe dafür diskutiert werden: Streß! Vielleicht sind Parallelen zu der Notwendigkeit einer angenehmen und entspannten Arbeitsatmosphäre im Unterricht aufzeigbar.

Was ist das?

Bewegung ermöglichen		viele Schüler einbeziehen	✓
niemanden ungewollt exponieren	✓	Kommunikation ermöglichen	

Dies ist ein Spiel zur Konzentration, welches man in Inhalt und Schwierigkeitsgrad der Gruppe anpassen kann.

Durchführung

Die Schüler setzen sich in einen Stuhlkreis. Der Spielleiter gibt jetzt einen Gegenstand (z. B. ein Radiergummi) nach links weiter und benennt ihn mit einen anderen Begriff (z. B. Aquarium) und sagt: »Das ist ein Aquarium.« Der linke Nachbar fragt zurück: »Was ist das?« und der Spielleiter antwortet: »Das ist ein Aquarium«. Erst dann darf der linke Nachbar das ›Aquarium‹ mit den Worten »Das ist ein Aquarium« zum nächsten linken Nachbarn weitergeben. Auf dessen Rückfrage »Was ist das?« wird nicht direkt geantwortet, sondern die Frage »Was ist das?« muß erst zum Spielleiter zurückkommen, ehe die Antwort »Das ist ein Aquarium« weitergegeben wird.

Gleichermaßen wird mit einem anderen Gegenstand und einem neuen Begriff nach rechts verfahren. Interessant und schwierig zugleich wird es, wenn sich die Gegenstände treffen und überschneiden. Wenn man will, kann man auch mehrere Gegenstände in Umlauf bringen oder Phantasiebegriffe (»Das ist ein Zwergnasenüberwasserfahrrad«/»Das ist ein Unterweserkapitänsmützenkatalog«) verwenden.

21 – raus

Bewegung ermöglichen		viele Schüler einbeziehen	✓
niemanden ungewollt exponieren		Kommunikation ermöglichen	

Durchführung

Die Schüler sitzen im Kreis. Die Aufgabe besteht darin, in der Gruppe bis 21 zu zählen. Es gibt allerdings einige erschwerende einschränkende Bedingungen:

- Die Zahlenreihenfolge von 1 – 21 muß eingehalten werden.
- Es darf nur eine Person zur Zeit sprechen.
- Der linke und rechte Nachbar des gerade Sprechenden darf nicht die nächstfolgende Zahl sagen.
- Verbale oder nonverbale Absprachen oder Zeichen, wer die nächste Zahl sagen soll, sind verboten. Es wird auch nicht festgelegt, wer beginnen soll.
- Bei Verletzung einer Regel beginnt es wieder mit der Zahl 1.

Anmerkungen

Um dieses Spiel erfolgreich zu spielen, müssen sich die Schüler konzentrieren und Blickkontakt zueinander haben. Am Ende einer Stunde gespielt, können Sie den Schülern das Angebot machen, ihnen bei Erreichen der Zahl 21 als Bonbon die restlichen Minuten der Stunde zu erlassen. Die Erfahrung zeigt übrigens, daß das Ziel nicht so schnell erreicht wird.

Variationen und Transfer

Im Fremdsprachenunterricht, insbesondere im Anfangsunterricht, können Sie mit diesem Spiel die Zahlen der Fremdsprache festigen. Halbgruppen spielen gegeneinander. Dazu sendet jede Gruppe einen Beobachter in die ›gegnerische‹ Gruppe, der auf die Einhaltung der Regeln achtet.

Literatur

Antonovsky, A.: Health, stress and coping. San Francisco, 1979

Baer, U.: Remscheider Diskussionsspiele. Remscheid, o. J.

Baer, U.: 666 Spiele. Für jede Gruppe. Für alle Situationen. München, 1994

Barkholz, U.; Paulus, P.: Gesundheitsfördernde Schulen. Gamburg, 1998

Barmer Ersatzkasse (Hrsg.): Aids-Prävention und Sexualaufklärung. Wuppertal, o. J.

Beyer, G.: So lernen Schüler leichter. Düsseldorf, 1984

Birkenbihl, V.: Stroh im Kopf. München, 1988

Bovet, G.; Huwendiek, V.: Leitfaden Schulpraxis. Berlin, 1994

Breitkreuz, H.: Zur Entwicklung ganzheitlicher Konzepte im Englischunterricht der Primarstufe. In *Thimm, J. P.*: Ganzheitlicher Fremdsprachenunterricht. Weinheim, 1995

Bundesministerium für Arbeit, Gesundheit und Soziales der Republik Österreich: Das Gesundheitsverhalten von 11-, 13- und 15-jährigen Schüler/innen und das Setting Schule. Wien, 1997

Bundeszentrale für gesundheitliche Aufklärung (Hrsg.): Was erhält Menschen gesund? Antonovskys Modell der Salutogenese – Diskussionsstand und Stellenwert. Köln, 1999

Burow, F.; Aßhauer, M.; Hanewinkel, R.: Fit und stark fürs Leben. Persönlichkeitsförderung zur Prävention von Aggression, Rauchen und Sucht. Leipzig, 1998

Dhority, L.: Moderne Suggestopädie. Bremen, 1986

Drescher, B. (Hrsg.): Gesundheitsförderung durch Schulentwicklung. Bielefeld, 1994

Ebert, U.; Gropengießer, I.; Thal, J.: Null Bock auf Gesundheit. Bremen, 1998

Freitag, M.: Was ist eine gesunde Schule? Einflüsse des Schulklimas auf Schüler- und Lehrergesundheit. Weinheim, 1998

Hessische Arbeitsgemeinschaft für Gesundheitserziehung (Hrsg.): Streßbewältigung. Gesundheit erleben – Für die Gesundheit lernen. Marburg, 1995

Hessische Arbeitsgemeinschaft für Gesundheitserziehung (Hrsg.): Streß- und zurück. Von der Anspannung zur Entspannung. Marburg, 1997

Hüholdt, J.: Wunderland des Lernens. Bochum, 1992

Kaluza, G.: Gelassen und sicher im Streß. Berlin, 1996

Kretschmann, R. et al.: Mehr Freude am Beruf! Streßprävention und Streßabbau für Lehrerinnen und Lehrer. Seminarmanuskript. Bremen, 1999

Landesinstitut für Schule und Weiterbildung: Gesundheitsförderung in der Schule – ein Handbuch für Lehrerinnen und Lehrer. Soest, o. J.

Landesinstitut für Schule und Weiterbildung (Hrsg.): Opus – Reader der Netzwerkschulen in Nordrhein-Westfalen. Soest, 1999

Landesvereinigung für Gesundheitsförderung e.V.: Bewegte Pause in der Vorlesung. Kiel, o. J.

Lazarus, R. S.; Launier, R.: Streßbezogene Transaktionen zwischen Person und Umwelt. In: *J. R. Nitsch* (Hrsg.): Streß, Theorien, Untersuchungen, Maßnahmen (S. 213–259). Bern, 1981

Lehner, M.; Ziep, K.-D.: Phantastische Lernwelt. Weinheim, 1997

Liebau, E.: Komplexität und Solidarität. Das Lernkonzept des Team-Kleingruppen-Modells. In: *Scheilke, Th.* et al.: Lerntheorie – Lernpraxis. Reinbeck, 1982

Mitschka, R.: Die Klasse als Team. Linz, 1997

Müller, E.: Du spürst unter deinen Füßen das Gras. Frankfurt/Main, 1989

Niemeyer, W.: Musikmalen – Ein Weg zu Entspannung, Konzentration und Wohlbefinden. In: *Friedrich*: Jahresheft VIII ›Gesundheit‹. 1990

Niemeyer, W.: Musikmalen in Schule und Haus. Bremen, 1990

Paulus, P.: Die gesundheitliche Situation der Kinder und Jugendlichen – Was folgt daraus für die Gesundheitsfördernde Schule? Vortragsmanuskript. Lüneburg, 1999

Priebe, B., Israel, G., Hurrelmann, K. (Hrsg.): Gesunde Schule. Weinheim, 1993

Rabenstein, R.: Lernen kann auch Spaß machen. Münster, 1996

Schiffler, L.: Interaktiver Fremdsprachenunterricht. Stuttgart, 1980

Schiffler, L.: Körperlernen mit Omniumkontakt. In: brennpunkt lehrerbildung. Berlin, 1996

Schlömerkemper, J.; Winkel, K.: Lernen im Team-Kleingruppen-Modell. Frankfurt/M., 1987

Strauß, E.; Dobers, J.; Hoff, P.: Biologie, 9./10. Schuljahr. Hannover 1979

Techniker-Krankenkasse: Der Streß. Hamburg, 1997

Thal, J.; Ebert, U.; Gropengießer, I.: Ich reiß' nur noch die Stunden 'runter – Fachtag Gesundheit und Schule 1994. Bremen, 1996

Vester, F.: Denken, Lernen, Vergessen. München, 1996

Wagus (Hrsg.): Bewegungspausen. Lyss, 1997

Wildt, B. (Hrsg.): Gesundheitsförderung in der Schule. Neuwied, 1997